CONSULTÓRIO LUCRATIVO
O Guia Financeiro Mais Simples e Claro para os Profissionais da Saúde

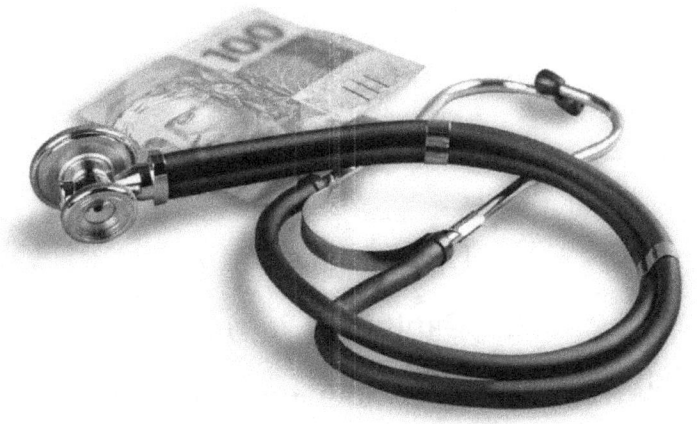

Consultório Lucrativo
1ª Edição
COPYRIGHT 2023 por Patricia Capitanio

Autor: Patricia Capitanio

Capa: Alexim Marketing

Organização: Jonathan Alexim

Ficha Catalográfica

Capitanio, Patricia

Consultório Lucrativo. Independently Published (Março 2023)

1. Negócios 2. Saúde 3. Medicina

SUMÁRIO

Agradecimentos..7

Apresentação 9

CAPÍTULO 1 – O Que Finanças Significam para Você?......................11

CAPÍTULO 2 – A Jornada do Crescimento...17

CAPÍTULO 3 – Receita, Faturamento e Lucro......................................53

CAPÍTULO 4 – Estratégia dos 5 C's..,..63

CAPÍTULO 5 – Como Aumentar o Valor da Minha Consulta?............89

CAPÍTULO 6 – Seu Pagamento..117

CAPÍTULO 7 – Parcerias e Remuneração..131

CAPÍTULO 8 – Negociações no Mundo Médico................................139

CAPÍTULO 9 – O Método de Organização Financeira......................149

CAPÍTULO 10 – O Que Fazer Para Ter Resultados...........................175

Agradecimentos

Este livro não teria sido possível sem o amor, o apoio e a inspiração que recebi de vocês.

Graças a vocês, eu tive a coragem e a determinação para escrever este livro e levá-lo a termo. Espero que estas páginas possam retribuir, de alguma forma, todo o carinho e suporte que recebi ao longo dos anos.

À minha mãe e meu pai, obrigado por me mostrarem a importância da perseverança, do trabalho duro e da integridade. Vocês são meus modelos de força e caráter, e sempre serei grato pelos valores que me ensinaram.

À minha filha e meu esposo, obrigado por serem minha razão de ser. Seu amor e apoio incondicionais me inspiram todos os dias e me motivam a ser a melhor pessoa que posso ser.

Este livro é dedicado a vocês, minha família, com todo o meu amor, admiração e gratidão. Que ele possa ser um testemunho do nosso vínculo inquebrantável e da importância que vocês têm em minha vida.

Com amor,

Patricia Capitanio

Apresentação

Você já deve ter percebido que gerenciar um consultório de sucesso vai muito além de oferecer um atendimento de excelência aos pacientes. Na verdade, uma boa gestão financeira é fundamental para conquistar seus objetivos.

Depois de anos de estudo e dedicação para se formar na área da saúde, muitos profissionais buscam a independência, conquistando seu próprio espaço no mercado. No entanto, essa jornada não é simples, especialmente para aqueles que não são especialistas em finanças.

Gerir uma clínica ou consultório exige muito mais do que cuidar da saúde das pessoas. Você precisa estar atento aos bastidores do seu negócio, ou seja, a tudo aquilo que acontece por trás do serviço que você oferece. Isso inclui gerenciar contas a pagar e a receber, controlar gastos fixos, monitorar lucros e despesas, fazer reservas, emitir notas fiscais, gerir pessoas e realizar diversas outras atividades burocráticas, mas que são essenciais para garantir a longevidade e o bom funcionamento do seu negócio.

Lembre-se: sua clínica ou consultório é um negócio e, como tal, precisa ser gerido e administrado de forma eficiente.

Este livro foi criado para ajudar você a olhar para a sua clínica ou consultório de forma analítica, identificando possíveis problemas, encontrando soluções e traçando estratégias eficazes para cuidar de tudo com o máximo de agilidade e segurança. Ao aplicar as técnicas e conceitos apresentados aqui, você poderá ganhar tempo para fazer ainda mais pela sua carreira e pelos seus pacientes, sem se preocupar tanto com as questões financeiras. Com isso, você poderá se concentrar no que realmente importa: oferecer um atendimento de qualidade aos seus pacientes e construir uma carreira de sucesso na área da saúde.

CAPITULO 1
O Que Finanças Significam Para Você?

Com certeza, você já buscou diversas práticas e ferramentas para ajudá-lo a economizar e organizar as finanças do seu negócio. No entanto, em muitos momentos, essas ferramentas não trouxeram os resultados esperados. Por que será que isso acontece? Provavelmente porque as finanças vão muito além de simplesmente economizar, poupar, administrar, gerir e gastar.

Na verdade, as finanças representam o meio que leva a nossa vida para um outro destino, e esse destino é exatamente o que você respondeu na primeira pergunta que fizemos. Para mim, por exemplo, as finanças significam liberdade - liberdade de tempo, para ser mais preciso.

Para alcançar essa liberdade, é claro que é necessário economizar, poupar, gerir e controlar o meu dinheiro, mas tudo isso é apenas o meio para a construção de um futuro melhor.

As finanças podem nos proporcionar muitas coisas além de simplesmente ganhar dinheiro. Ela pode nos dar a oportunidade de viver uma vida mais plena e satisfatória, permitindo-nos investir em nossos sonhos e objetivos, proporcionando-nos uma maior segurança e estabilidade financeira.

Muitos profissionais da área da saúde, durante toda a formação, têm como base os professores que estão formando eles tecnicamente. Grande parte das vezes demoram de 5 a 7 anos para entrar no mercado e, se fomos pensar em especialização, este tempo aumenta para 9-11 anos. E de repente, se deparam com um mercado onde existe muita competitividade, onde a cada ano aumenta-se o número de novos profissionais devido ao aumento também das faculdades.

Esses profissionais possuem excelente formação técnica, mas durante todo esse tempo esquecem de um pequeno detalhe que gera muitas incertezas e dúvidas do tipo:

"Como abro um consultório?"

"Como devo fazer gestão financeira?"

"Quanto cobro pelos meus serviços?"

"Como aumentar meu faturamento?"

Se você é um profissional da área da saúde e está buscando melhorar a gestão financeira do seu consultório ou clínica, este livro é para você. Eu entendo que surgem muitas dúvidas quando se trata de finanças, mas estou aqui para ajudá-lo a eliminá-las e construir um negócio lucrativo e bem-sucedido.

Seja muito bem-vindo a esta obra, repleta de orientações que irão guiá-lo em direção ao sucesso financeiro do seu consultório.

Afinal, sabemos que gerenciar as finanças nunca é uma tarefa fácil, seja você um profissional que trabalha em hospital, clínica de terceiros ou em seu próprio consultório, organizar as contas e gerenciar os ganhos é um verdadeiro desafio, e uma pequena falta de atenção pode comprometer todo o seu sucesso profissional. Por isso, este livro é uma ferramenta valiosa para ajudá-lo a entender a importância da gestão financeira, identificar possíveis problemas e encontrar soluções eficazes para alcançar seus objetivos.

Com a minha experiência e conhecimento, quero ajudá-lo a construir um consultório lucrativo que não só atenda às necessidades dos pacientes, mas também proporcione a realização profissional e financeira que você merece. Vamos juntos nessa jornada rumo ao sucesso! E aí, está preparado para começar a cuidar melhor da saúde do seu negócio?

Vamos em frente e boa leitura!

O fato de podermos fazer qualquer coisa com o dinheiro não significa que possamos fazer tudo!

CAPÍTULO 2
A Jornada do Crescimento

A jornada do crescimento pode ser muito dolorosa, penosa e desconfortável. Experimentamos momentos que muitas pessoas não contam. Entramos no empreendedorismo (sim, o seu consultório é um negócio) acreditando que tudo será maravilhoso. Mas empreender é sobre olhar para dentro de si, identificar suas qualidades e pontos de melhoria.

É exatamente isso que acontece com muitos profissionais da saúde. Na faculdade, somos instruídos sobre o conhecimento técnico e teórico da nossa profissão, mas não aprendemos sobre os aspectos práticos da gestão de uma clínica ou consultório.

Esses desafios podem ser esmagadores e muitas vezes parecem insuperáveis. Como estabelecer preços justos e competitivos? Como encontrar e contratar uma secretária competente? Como formalizar a clínica ou consultório? Como captar pacientes e fazer o negócio crescer? Essas são questões cruciais que precisam ser enfrentadas todos os dias.

Por isso, é importante buscar aprimoramento e capacitação para lidar com essas questões práticas. Não é fácil, mas com perseverança, comprometimento e acesso às informações certas, podemos superar esses obstáculos e transformar nossas carreiras em algo de sucesso e realização. Como profissionais da saúde, é essencial que estejamos preparados para enfrentar esses desafios e tornar nosso consultório ou clínica um lugar de excelência para nossos pacientes.

Por isso, é necessário passar por determinadas fases até que o crescimento ocorra efetivamente. É por isso que este livro foi desenvolvido para ajudá-lo (a) a passar por todas as fases em uma velocidade maior, sentindo menos impacto.

A Tríade da Mudança de Comportamento

Existem três vértices que formam o "triângulo mágico" da mudança de comportamento financeiro, que sempre envolve pensamentos, sentimentos e ações.

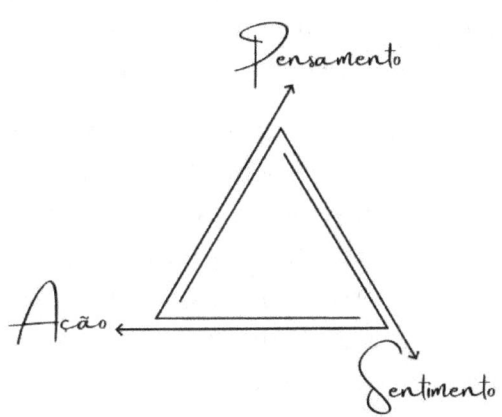

Essa tríade mostra que:
Pensamentos Geram *Sentimentos*;

Sentimentos Geram Ações;

Ações geram mudanças.

Logo, é óbvio que antes de termos mudanças, precisamos mudar nossa maneira de agir financeiramente e nossa forma de pensar sobre o dinheiro. Quem está aberto a mudanças, está aberto ao crescimento. Mas nem sempre é fácil, sabe por quê? Nosso cérebro foi programado para economizar recursos e energia, por isso, sempre que algo novo aparece (como um novo comportamento ou um novo jeito de lidar com dinheiro), é normal termos aquele sentimento de "preguiça" ou resistência em mudar. Mudar exige de nós um esforço extra.

Comece filtrando as informações financeiras que você está recebendo, muitas vezes queremos mudar tudo de uma vez e acabamos não mudando nada. O primeiro passo para construir um consultório lucrativo é mudar nossa forma de pensar e agir.

Aqui apresentamos dois tipos de mentalidade: a aberta e a fechada. A mentalidade aberta é aquela que está disposta a aprender e evoluir por meio de esforço e experiência. É como se estivéssemos sempre em busca de novos conhecimentos e desafios para crescer. Por exemplo, imagine que você seja um médico recém-formado e esteja aberto a aprender coisas novas. Você pode participar de workshops, palestras e outros eventos para se atualizar e aprender novas técnicas, mesmo que isso signifique sair da sua zona de conforto.

Por outro lado, a mentalidade fechada é aquela em que acreditamos que nossas habilidades são inatas e que não há muito o que fazer para mudá-las. Isso pode levar a dificuldades em se desafiar, mudar, aprender, resolver problemas e aceitar críticas. Por exemplo, um médico que tem uma mentalidade fechada pode ser resistente a mudanças em sua prática, porque acredita que suas habilidades são limitadas e que não há muito a fazer para melhorar. Ele pode se sentir preso em uma situação difícil e ter dificuldade em encontrar soluções para seus problemas.

Por isso, é importante ter uma mentalidade aberta para ser um profissional de sucesso na área da saúde. Acreditar que sempre há algo novo para aprender e que podemos evoluir com o tempo e a experiência é fundamental para se manter atualizado e oferecer o melhor cuidado para os pacientes. Além disso, ter uma mentalidade aberta pode ajudar a superar desafios e resolver problemas de forma mais eficaz.

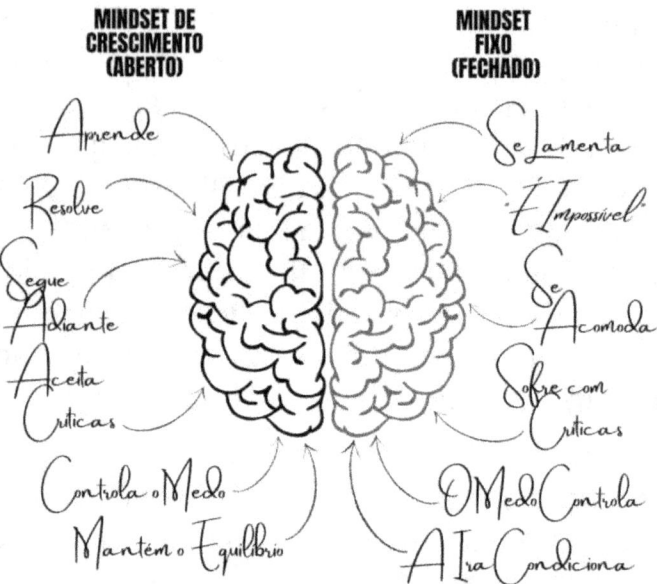

Muitos profissionais da saúde que possuem uma mentalidade fechada não enxergam e não aceitam as mudanças necessárias para obter resultados e lucratividade no final do mês.

Quero dizer que se você não recebe um salário que outra pessoa paga, você tem um negócio. Se você tem um negócio, por menor que seja, você é um(a) empresário(a). Se você é um(a) empresário(a) e parece que só trabalha para pagar contas, provavelmente sua empresa não dá lucro. Se sua empresa não dá lucro, você está pagando para trabalhar.

Se você está pagando para trabalhar, está vivendo sem dinheiro. Se você vive sem dinheiro, sinto muito, mas seu consultório ou clínica vai quebrar em breve. Por isso, é preciso mudar sua mentalidade, atitudes e comportamentos o quanto antes.

Manter-se em dia com as contas é um desafio para a maioria das pessoas. E você? Faz parte do grupo que consegue manter as finanças em ordem ou do grupo que fecha os olhos para sua situação financeira? A maioria dos profissionais da saúde não sabe por onde começar. Às vezes, eles nem sabem da necessidade de gerir as finanças adequadamente, o que faz com que sempre haja um vazamento, diminuindo seus lucros.

"Enquanto você não controlar suas finanças, não controlará sua clínica!"

A área financeira tem um papel importantíssimo para o sucesso de sua clínica ou consultório. É como se fosse o coração do seu negócio e, por isso, é importante cuidar, nutrir e diagnosticar para que esteja sempre em perfeito estado de funcionamento.

Faturamento é Ego

Em quantas ocasiões você já ouviu falar que uma pessoa fatura bem, mas está sempre endividada, incapaz de pagar à vista e esperando a próxima ven-da para cobrir as despesas do mês? Acredito que muitas vezes, pois ouço isso com frequência.

No entanto, o ego pode ser o responsável pela falência de seu consultório. De nada adianta faturar muito se as despesas são equivalentes ou até maiores que o faturamento, pois dessa forma, você estará apenas faturando e não lucrando.

Pare de se preocupar apenas com o faturamento e concentre-se no lucro, ou seja, na quantia de dinheiro que sobra após as despesas serem pagas. Isso é o que irá fazer seu consultório prosperar e lhe dar liberdade financeira e de tempo.

Para isso, tenha em mente que o faturamento é a soma de todas as receitas que entram em seu consultório. Vender nem sempre significa receber, por isso foque no lucro, que é o dinheiro que sobra no caixa após pagar todas as despesas e custos do seu consultório.

Muitas vezes, as pessoas tentam de maneira irracional ser como as outras. Será que o outro é realmente superior a você? Por que? Ele tem mais? Ele é melhor? Qual a referência você usou para responder a essas perguntas?

O problema se agrava, pois normalmente não queremos trilhar o caminho que o outro trilhou para construir seus resultados, mas apenas usufruir do que o outro tem. Não queremos aprender o que o outro aprendeu, mas só ter os resultados que o outro tem.

O ser humano é movido por muitas forças e uma delas é o ego. Sim, o ego. Status é bacana, fala sério?! Quem não quer ser reconhecido, ser tido como uma referência, ser respeitado, comentado? Todos queremos. Eu quero.

O problema está em fazer dessa necessidade um projeto de vida. De viver em função do status. Desfrutá-lo depois de um merecido esforço é uma coisa, mas criar um status artificial é outra. Ter dinheiro não tem nada a ver com ter status, embora muitos façam essa perigosa associação.

Não se deixe levar pela imagem gerada por seu suposto patrimônio externo. Pense mais em você, no que você realmente quer e merece. Viva a sua vida com o SEU dinheiro. Ostentar coisas é uma triste tentativa de ser mais do que se é, de ser notado pelo material, não pelo conteúdo.

Com dinheiro, a coisa fica pior. Se tem dinheiro, tem amigos. Sem dinheiro, sem nada. Quem precisa de status assim? O ego é uma causa do desequilíbrio financeiro das pessoas, que provoca a necessidade de fazer mais dinheiro, de entrar na dependência de trabalhar mais, de atender mais, de fazer novas especializações para equilibrar seu financeiro.

A longo prazo, essa conta não fecha, sua família começa a reclamar que você está trabalhando demais, seu corpo pede descanso e você já não consegue se alimentar corretamente. É nessa hora que sua mente entra no estilo da compensação, ou seja, se você está ausente de casa, tenta recompensar dando presentes.

O Ciclo Financeiro

Por ter uma profissão que demanda alta dedicação de tempo e estudos específicos na sua área, os profissionais da saúde acabam desenvolvendo pouco ou nenhum conhecimento de como administrar suas finanças.

Ao ingressarem no mercado de trabalho, assumem uma carga horária alta, sobrando pouco ou nenhum tempo para cuidar de forma adequada de seus proventos. Devido ao reconhecimento da profissão, acrescido de uma sensação de "merecimento" por todos os anos dedicados aos estudos, é comum a busca imediata por um padrão de vida equivalente ao de seus colegas de profissão, assumindo diversos compromissos financeiros que demandam cada vez mais renda, a qual é conquistada com mais horas trabalhadas.

Mesmo se tratando de uma área bem remunerada, é comum ver profissionais negligenciando e enfrentando dificuldades financeiras para honrar seus compromissos. Constantemente são abordados com ofertas e oportunidades de profissionais de diversas áreas, oferecendo produtos e serviços que podem levar ao endividamento e a um ciclo de descontrole financeiro.

O Ciclo causa angústia, por não saber como sair dele, além da insegurança se terá o suficiente para manter o padrão de vida da família.

Um estudo recente mostra que a renda de médicos caiu 12% nos últimos 8 anos. Seja pela entrada de novos profissionais na área ou por outro motivo, é importante que você esteja preparado para lidar com isso.[1]

Uma cliente minha, Kamila, psicóloga, ganha bem e não se identificava nesse ciclo porque reafirmava todos os dias: "eu ganho bem, entra dinheiro todos os dias".

Kamila já estava acostumada com o ciclo e não percebia que estava nele.

Mas, Patricia, por que Kamila estava nesse ciclo? Primeiro, porque não entendia que o consultório dela era um negócio. Ela misturava tudo e tinha apenas uma conta para fazer a gestão das despesas pessoais e do consultório.

Kamila tinha oscilação na sua renda, não porque atendia menos pessoas que no mês passado, mas sim porque seus pacientes demoravam até 2 meses para pagar a sessão.

Dessa forma, todo mês era imprevisível sua receita. Como a receita era incerta, Kamila pagava as contas do mês conforme recebia, porém tinha semanas em que não pagava todas, assim jogava para a próxima semana.

Com isso, Kamila usava o limite do banco e, consequentemente, pagava juros. Quando chegava nos meses de julho, dezembro e janeiro, Kamila tinha uma diminuição da receita naturalmente, porque muitos dos seus pacientes viajavam nesses meses.

Como Kamila não se organizava nos outros meses, nesses meses passava por apuros. Com isso, ela pegava um empréstimo ou antecipava os recebimentos no crédito na máquina do cartão. Nos meses em que Kamila tinha agenda cheia, não guardava dinheiro, gastava um pouco mais no cartão e assim ia passando mês a mês.

Kamila só percebeu que estava num ciclo ruim quando já estava indo para o terceiro empréstimo.

Se você se identificou nesse ciclo, o primeiro passo é admitir que está vivendo assim. O segundo é entender que é possível sair, pode levar um tempo, mas é possível. O terceiro é admitir que, hoje, você ainda não tem conhecimento de tudo e que precisará de ajuda. Mas, neste livro, poderá receber esse conhecimento.

Os Erros que Sabotam as Finanças do Seu Consultório

Cuidar da organização financeira do seu consultório é uma função vista por muitos como burocrática, que demanda tempo e conhecimento. Porém, a verdade é que, depois que o profissional da área da saúde entende como fazer isso e com que ferramentas ele pode contar, o processo se torna muito mais fácil e ágil. O primeiro passo para acertar na sua gestão financeira é entender quais erros você pode estar cometendo agora mesmo.

Vou te mostrar quais são esses erros e o que eles ocasionam nas finanças do seu consultório:

1. Não saber o seu valor: esse erro faz você perder dinheiro e não saber a margem real de lucro do seu negócio. Também faz você não ter uma ideia real dos seus custos.

2. Achar que está tudo bem não saber seu lucro, faturamento e custos: "afinal, não aprendi isso na faculdade". "Ah, depois eu começo a ver isso". "Eu preciso é de mais pacientes". Essas são algumas das justificativas que podem te sabotar.

3. *Querer fazer tudo sozinho:* quando você quer fazer tudo, no final não faz nada, porque fica tudo pela metade. Não querer abrir mão ou não pagar alguém para fazer, provavelmente te faz não sair do lugar, não crescer e não conseguir organizar as finanças do seu consultório.

4. *Reserva de emergência:* Se você quer ter alguma segurança enquanto cresce seu consultório, é necessário fazer uma reserva financeira.

Esse erro acontece com mais de **80% dos profissionais da saúde**. Fazer reservas é indispensável para os momentos de crise que podem aparecer, afinal, todo negócio corre riscos de passar por uma crise e, para sair dela, é muito importante ter uma reserva de emergência.

Quero te mostrar algumas situações que podem ocorrer no seu dia a dia e te desestabilizar financeiramente:

- Despesas inesperadas, como avaria de aparelhos;

- Reformas no consultório;

- Algum problema de saúde e você precisa ficar afastado;

5. *Misturar pessoa física com a jurídica:* Pare de assaltar o caixa do seu consultório. A primeira coisa que você precisa entender é que o financeiro é o coração do seu consultório ou clínica e, se ele não estiver

100% redondo, vai ser muito difícil você prosperar. Um dos erros mais comuns entre os profissionais da saúde e que podem causar sérios problemas ao consultório é a não separação entre a conta pessoal e a conta da empresa!

É fundamental que você entenda que o dinheiro que entra no consultório é do consultório e que você é um prestador de serviço dele! Muitos profissionais acabam misturando e pagando contas pessoais com o dinheiro da clínica e vice versa!

É importante que você estipule um valor para retirar todos os meses, ou seja, um pró-labore, e todo mês faça suas retiradas de forma estratégica.

Se você apenas retira o dinheiro quando precisa, sem qualquer filtro, corre um sério risco de, em uma situação de emergência, onde você precise se ausentar da clínica, não ter dinheiro para arcar com os seus custos fixos.

6. *Não saber precificar:* Esse é o maior erro de todos os profissionais da saúde, a maioria tem procedimentos com prejuízo, sem saber.

Quando o preço do serviço prestado é subjetivo, ou inúmeros procedimentos realizados pelo mesmo profissional, as chances de cobrar um valor muito alto ou muito baixo são enormes. Isso impacta diretamente no seu fluxo de caixa e também na lucratividade do seu negócio.

7. Focar no objetivo ao invés de focar no processo: Você tem objetivos profissionais?

Vou dar um exemplo: vamos supor que seu objetivo seja ter um faturamento mensal de 30 mil reais. Essa meta não está dentro do seu controle, pois depende de pessoas dispostas a contratar seus serviços.

Quando focamos no processo, lidamos com atividades que nós podemos controlar, como fazer uma nova especialização, caprichar no marketing, fazer lives, divulgar seus serviços, melhorar os processos e atendimentos do seu consultório.

Além dos erros mencionados, pode ser que você esteja dando desculpas diariamente para não organizar a gestão financeira do seu consultório. Geralmente, acabamos dando desculpas para justificar o que não foi realizado, como forma de confortar a nossa mente. Se você utiliza alguma dessas desculpas, tome cuidado.

1° *"Não tenho tempo"*

Se você é um médico ou profissional da saúde com um consultório, é provável que esteja muito ocupado cuidando de seus pacientes e gerenciando sua prática. No entanto, muitas vezes, a gestão financeira acaba ficando em segundo plano, por falta de tempo e atenção. No entanto, a gestão financeira é crucial para o sucesso do seu consultório e sua vida pessoal. Neste capítulo, abordaremos a importância de gerenciar seu tempo e como isso pode ajudar a otimizar suas finanças.

A primeira desculpa que muitos médicos e profissionais da saúde dão para não gerenciar suas finanças é que não têm tempo. É fácil se sentir sobrecarregado com as demandas de sua prática, mas a verdade é que gerenciar seu tempo pode ajudá-lo a ganhar mais tempo no longo prazo. Comece avaliando quantas horas do seu dia você anda desperdiçando com atividades que não são relevantes para o sucesso de sua prática e suas finanças.

Comece criando uma lista de todas as atividades em seu dia que não são essenciais para o sucesso de sua prática e finanças. Isso pode incluir coisas como verificar e-mails pessoais durante o horário de trabalho, gastar muito tempo em reuniões improdutivas ou redes sociais. Identificar essas atividades podem ajudá-lo a reconhecer áreas em que pode melhorar e recuperar tempo valioso.

Depois de identificar as atividades não essenciais, é hora de criar um plano para gerenciar melhor seu tempo. Considere usar ferramentas de gerenciamento de tempo, como aplicativos de cronometragem, para rastrear quanto tempo você gasta em atividades específicas. Estabeleça prioridades claras e reserve tempo para tarefas financeiras, como revisar orçamentos, pagar contas e gerenciar a folha de pagamento.

2° "Eu não sei fazer"

Muitos médicos e profissionais da saúde que gerenciam seus próprios consultórios podem se sentir intimidados pela gestão financeira. No entanto, o conhecimento financeiro é crucial para o sucesso de sua prática e suas finanças pessoais. Neste capítulo, abordaremos a importância de adquirir conhecimento financeiro e como isso pode ajudá-lo a gerenciar suas finanças com mais confiança.

Muitos médicos e profissionais da saúde podem acreditar que não têm as habilidades necessárias para gerenciar suas finanças. No entanto, a verdade é que a gestão financeira pode ser aprendida e aprimorada ao longo do tempo. A primeira etapa é reconhecer que há lacunas em seu conhecimento financeiro e estar disposto a preenchê-las.

Comece identificando as áreas em que você pode ter lacunas em seu conhecimento financeiro. Isso pode incluir coisas como compreensão de fluxo de caixa, orçamentação, contabilidade básica e impostos. Identificar essas áreas pode ajudá-lo a criar um plano para preencher essas lacunas e adquirir o conhecimento necessário para gerenciar suas finanças com confiança.

Se você ainda se sentir inseguro em gerenciar suas finanças, considere contratar um profissional de finanças para ajudá-lo. Eles podem ajudá-lo a compreender melhor a situação financeira da sua prática, criar um plano financeiro personalizado e ajudá-lo a gerenciar suas finanças de forma mais eficaz.

Conhecimento se adquire. Adquirir conhecimento financeiro é crucial para o sucesso de sua prática e suas finanças pessoais. Não se intimide se você sentir que tem lacunas em seu conhecimento financeiro.

Identifique essas áreas, faça cursos relevantes para médicos e profissionais da saúde e, se necessário, contrate um profissional de finanças para ajudá-lo. Lembre-se, o conhecimento financeiro se adquire e é um processo contínuo de aprendizado e aprimoramento.

3° *"Nessa idade não aprendo mais"*

Algumas pessoas podem acreditar que é tarde demais para aprender novas habilidades, especialmente quando se trata de finanças. No entanto, a verdade é que nunca é tarde para começar a desenvolver habilidades financeiras. Neste capítulo, abordaremos a importância de desenvolver habilidades financeiras em qualquer idade e como isso pode ajudá-lo a gerenciar suas finanças com mais eficácia.

Muitas pessoas podem acreditar que é tarde demais para aprender novas habilidades, especialmente quando se trata de finanças. No entanto, essa crença limitante pode impedi-lo de alcançar seu potencial financeiro. É importante lembrar que nunca é tarde para aprender e que o desenvolvimento de habilidades financeiras pode ser feito em qualquer idade.

Desenvolver habilidades financeiras em qualquer idade pode trazer muitos benefícios. Isso pode incluir a capacidade de gerenciar suas finanças de forma mais eficaz, tomar decisões financeiras mais informadas, evitar armadilhas financeiras comuns e planejar melhor o futuro financeiro. Além disso, adquirir habilidades financeiras pode ajudar a aumentar a confiança e a independência financeira.

Desenvolver habilidades financeiras pode parecer assustador no início, mas é importante lembrar que você não precisa se tornar um especialista da noite para o dia. Comece com pequenos passos, como ler livros financeiros, assistir a vídeos educacionais sobre finanças e fazer planos financeiros simples. À medida que você se sentir mais confortável, comece a se aprofundar em tópicos mais complexos e a implementar estratégias financeiras mais avançadas.

Nunca é tarde para começar a desenvolver habilidades financeiras. Independentemente da sua idade, desenvolver habilidades financeiras pode trazer muitos benefícios, incluindo a capacidade de gerenciar suas finanças de forma mais eficaz, tomar decisões financeiras mais informadas e planejar melhor o futuro financeiro. Comece com pequenos passos e procure recursos de aprendizado para ajudá-lo a desenvolver suas habilidades financeiras. Lembre-se, é um processo contínuo de aprendizado e aprimoramento.

4° *"Profissional da saúde não precisa disso"*

Como profissional da saúde, administrar as finanças do seu consultório pode não ser a sua prioridade. No entanto, é importante lembrar que gerenciar as finanças do seu consultório é essencial para garantir sua liberdade financeira e evitar dívidas. Neste capítulo, abordaremos a importância de administrar as finanças do seu consultório e como isso pode ajudá-lo a ter mais controle financeiro e pagar suas contas em dia.

Alguns profissionais da saúde podem acreditar que administrar as finanças do seu consultório não é importante. No entanto, isso pode levar a uma série de problemas financeiros, incluindo dívidas e falta de controle financeiro. Administrar as finanças do seu consultório é essencial para garantir sua liberdade financeira e evitar problemas financeiros no futuro.

Gerenciar as finanças do seu consultório pode ajudá-lo a garantir sua liberdade financeira. Isso pode incluir a capacidade de planejar suas despesas, economizar dinheiro para investimentos futuros e garantir que você esteja ganhando o suficiente para atingir seus objetivos financeiros. Além disso, administrar as finanças do seu consultório pode ajudá-lo a reduzir o estresse financeiro e melhorar sua qualidade de vida.

Para administrar as finanças do seu consultório, é importante manter registros precisos, criar um orçamento e investir em tecnologia financeira para ajudá-lo a gerenciar suas finanças de forma mais eficiente.

OS 3 Sinais de que seu Consultório está em Risco

Na correria do dia a dia, muitas vezes focamos em ganhar mais dinheiro, acreditando que essa é a solução para melhorar nosso negócio. No entanto, é preciso lembrar que todos os meses o consultório pode estar dando sinais de alerta de que os processos financeiros não estão coerentes.

Esses sinais são fundamentais para ter um consultório lucrativo e, se não forem ajustados, podem resultar em insatisfação. Eles são a base para uma tomada de decisão mais coerente.

Veja quais são:

- **Queda nos Atendimentos**

Manter um fluxo constante de pacientes é fundamental para a saúde financeira de qualquer consultório ou clínica. No entanto, é importante estar atento a quedas nos atendimentos, que podem ser sinal de problemas maiores. Embora uma diminuição esporádica na quantidade de pacientes atendidos possa ser algo normal e esperado, uma queda drástica ou constante demanda atenção imediata.

Por isso, é essencial ter controle e indicadores que permitam diagnosticar possíveis quedas logo no início, possibilitando a identificação das causas e a implementação de soluções adequadas. Dentre as possíveis causas para quedas nos atendimentos, podem estar problemas na gestão de marketing, falta de investimento em tecnologia, equipe despreparada ou insatisfação dos pacientes.

Diante desse cenário, é importante ter uma abordagem estratégica na gestão do consultório ou clínica, buscando sempre manter uma comunicação clara e efetiva com a equipe, investir em ações de marketing que gerem resultados, garantir a excelência no atendimento ao paciente e estar sempre atento aos indicadores financeiros, como o faturamento mensal e os custos fixos e variáveis do negócio. Com essas medidas, é possível evitar quedas nos atendimentos e garantir a saúde financeira do seu consultório.

- **Contas no Vermelho**

Manter um controle rigoroso dos custos do consultório é essencial para evitar prejuízos financeiros. Se o negócio apresenta perdas por vários meses consecutivos, é preciso investigar as causas e implementar medidas para reverter a situação.

Fechar no vermelho pode ser normal dentro de um curto período. Mas essa situação continuar por vários meses é um sinal de alerta. Muitas vezes a culpa não é da diminuição dos atendimentos e sim um custo elevado que não se paga.

- **Endividamento**

Um financiamento bem planejado pode trazer fôlego ou dar um "empurrão" em sua clínica ou consultório.

No entanto, contrair muitas dívidas em um curto período pode levar a medidas imediatistas, como o uso do cheque especial e a obtenção de novos empréstimos. Isso demonstra que a situação financeira não está saudável.

Para evitar essa situação, é necessário redobrar a atenção, analisar os erros cometidos, criar novas estratégias e ter uma boa gestão financeira para o seu consultório. Com um controle mais eficiente, é possível evitar que a situação piore e que a clínica comece a ter problemas mais graves.

O que é Gestão Financeira

Apesar de muitos profissionais assumirem que sabem o que é gestão financeira, a verdade é que muitos não conhecem à fundo o assunto, principalmente, os profissionais de saúde, que não tiveram contato com conteúdo como administração e finanças durante a vida acadêmica.

A gestão financeira pode ser definida como o conjunto de processos que visa administrar as finanças de um negócio, otimizando seus resultados.

Ou seja, práticas como acompanhamento de métricas, análises e investimentos, fazem parte da gestão financeira de um consultório ou de uma clínica.

Vamos realizar um teste: Responda as questões a seguir e avalie se você possui uma boa gestão financeira:

1. Você registra todas as movimentações financeiras do consultório em um único local?

2. Consegue dizer quais são as áreas com mais despesas e receitas do seu negócio?

3. Seus relatórios são gerados automaticamente, para que você tenha tempo de analisar sua gestão de forma eficiente?

4. Você tem segurança para realizar investimentos e potencializar os resultados do consultório?

As finanças do negócio crescem constantemente?

Se a maior parte das respostas foram negativas, tome cuidado. Esses são apenas alguns questionamentos básicos que uma gestão financeira razoável deve atender.

Muitos empresários não fazem gestão financeira porque acreditam que é demorado e desgastante, mas você já parou para contar quanto tempo você leva diariamente para fazer pequenas atividades do financeiro do seu consultório ou clínica? Some esses minutos ou horas e veja quanto tempo você levou durante a semana toda e depois em um mês.

Até quando você vai deixar esses resultados escaparem de suas mãos? E a falta de gestão financeira, faz com que você deixe o seu resultado ir embora.

Você, indubitavelmente, é um profissional tecnicamente competente, que entrega grandes resultados aos seus pacientes. Todavia, nos dias atuais, apenas isso não é o bastante. Se você não tiver o controle preciso de quanto custa cada hora de atendimento, do preço adequado dos seus procedimentos e tratamentos, bem como da gestão completa de seus recebimentos e pagamentos, estará meramente movimentando dinheiro, o que difere muito de lucratividade.

Caso você ainda não realize nenhum tipo de gestão financeira, é recomendado que comece pelo básico, separando suas despesas pessoais das despesas do consultório, verificando seus gastos com taxas de maquininha, impostos e manutenção das contas bancárias.

Depois disso, é essencial que analise seus recebimentos, como eles ocorrem, se são à vista ou a prazo, se você realiza antecipação das vendas. Essas ações não demandam nem uma hora por semana, porém são de suma importância para o seu negócio.

Para demonstrar a importância da gestão financeira, vou relatar a história da Dra. Amanda.

Amanda é dermatologista, desde que se formou sabia da importância de fazer gestão financeira. Mas sempre deixou para depois.

Após iniciar a consultoria comigo, começamos a fazer o levantamento de todas as informações do seu consultório, e as surpresas começaram a surgir: a primeira foi em relação ao seu imposto, estava enquadrada na tributação errada, pagando uma alíquota acima do necessário. A segunda surpresa foi em relação aos medicamentos que comprava e estocava. Como ela realizava procedimentos estéticos, tinha um alto custo mensal com compra de insumos; a surpresa veio após o levantamento das compras. Encontramos medicamentos vencidos e também um desvio por parte da técnica de enfermagem.

Mas porque isso ocorreu? Simplesmente pela falta de controle e acompanhamento. O controle do estoque serve para identificar desperdícios, controle dos vencimentos, compras sem necessidade de outros insumos, controle dos preços de compra e também desvios por parte dos funcionários.

Não desejo que o que aconteceu com a Dra. Amanda aconteça com você, por isso a importância de você colocar em prática tudo que aprender aqui.

Despesas Fixas e Variáveis

As contas fixas, apesar do nome sugerir que os valores não são alterados, estão mais relacionadas a PERIODICIDADE do que o valor em si da despesa.

Despesas fixas são aquelas que ocorrem todos os meses, você precisa pagar, faça chuva ou faça sol.

Venda mais ou venda menos, faça mais ou faça menos dinheiro, elas vão estar lá.

O que acontece é que à medida que faturamos mais com o nosso negócio, é comum aumentarmos também as despesas fixas e variáveis.

Por exemplo: no nosso negócio queremos ter mais estrutura, com isso, fazemos um financiamento, contratamos colaboradores, porque aumentou a estrutura, com isso mais despesas com encargos e impostos.

Também é assim na nossa vida pessoal: queremos morar em um lugar maior e assumimos um valor de aluguel maior. Trocamos de carro e com isso temos novos custos de manutenção e impostos.

Mudamos os filhos para uma escola melhor, com isso novos materiais e uniforme. Mas atenção: todas essas despesas fixam, em caso de diminuição do orçamento pessoal ou do faturamento do seu consultório ou clínica, são mais difíceis de serem cortadas ou diminuídas.

Afinal, dificilmente você irá querer diminuir de padrão de vida e voltar para o carro mais velho ou tirar o filho da escola nova, por isso, precisamos ter alguns cuidados para que todo esse aumento das despesas fixas, não gere problemas no planejamento financeiro.

São exemplos de custos fixos:

- Aluguel de imóvel ou sala de atendimento;

- Mensalidade de internet;

- Pagamento de software médico quando não atrelado ao número de pacientes da clínica;

- Salário de funcionários;

- Marketing

Já os custos variáveis, por sua vez, são aqueles que mudam conforme o volume de atendimentos da clínica. São proporcionais ao número de pacientes atendidos em determinado período. Veja alguns exemplos:

- Compra de utensílios para procedimentos;

- EPIs descartáveis;

- Material de escritório;

- Material de limpeza;

- Custo por aquisição de cliente (CAC).

Essa diferenciação básica é importante para que você saiba classificar os custos e, posteriormente, decidir as melhores estratégias para redução.

Se suas despesas fixas são altas demais, Cuidado!

Despesas fixas que comprometem mais que 50% do seu faturamento podem prejudicar o planejamento do seu negócio e da sua vida pessoas.

Se você quer reduzir os custos de sua clínica ou consultório, o primeiro passo é saber para onde o dinheiro está indo. Para isso, organize as despesas, preparando-as para uma análise minuciosa antes de tomar qualquer decisão. Após organizar todas as saídas do caixa, você poderá analisar quais atividades utilizam maior quantidade de recursos financeiros, agrupando-as em centros de custos.

Você começa anotando todos os gastos mensais da sua clínica.

Depois, separe-os entre custos fixos e variáveis, cuja diferença você já viu acima. O próximo passo será, dentro desse agrupamento, definir subdivisões. Veja abaixo uma alternativa:

FIXOS

Imóvel

- Aluguel

- Condomínio

- Água/Energia

Pessoal

- Equipe administrativa

- Equipe assistencial

- Terceirizados

Tecnologia

- Internet e telefonia

- Software de gestão

- Domínio e hospedagem do site

Honorários de Contabilidade

VARIÁVEIS

Insumos

Equipamentos

- Aquisição

- Manutenção

EPIs

- Descartáveis

- Permanentes

Material farmacêutico

- Para higienização

- Para atendimento

Material de escritório

Material de limpeza

Perceba que esse é apenas um exemplo. Você pode ser mais específico ou, ainda, adaptar à realidade da sua clínica. O mais importante é que você tenha essa classificação para poder visualizar os custos da sua empresa em diferentes níveis.

Quero deixar aqui algumas dicas de como você pode estar reduzindo os custos da sua clínica ou do seu consultório:

• **Faça sempre 3 orçamentos** na hora de comprar seus materiais e também maquinas e equipamentos.

• **Negocie com seus fornecedores**, descontos para pagamento à vista

• **Junte-se com colegas parceiros** e compre produtos em conjunto, assim vocês ganham desconto pela quantidade comprada.

• **Faça controle rigoroso dos materiais de insumo** que você tem, para não deixar vencer ou estragar.

Sabe aquela sensação de que seu dinheiro não está rendendo? Isso pode ser sinal de que seu consultório tem alguns custos invisíveis que estão drenando sua conta.

Os custos invisíveis, como o próprio nome já diz, dificilmente são notados em seu consultório, eles passam despercebidos e podem levar boa parte do orçamento, acabando com seu lucro.

Abaixo eu separei alguns custos para você avaliar se esses estão sendo problemas no seu consultório:

- Erro no atendimento
- Estoque parado
- Desperdício de energia e água
- Compras sem necessidade
- Desperdícios ou quebras
- Compras aleatórias
- Ociosidade na sua agenda
- Muitos cancelamentos ou reagendamentos

Lembre-se disso, não tem crescimento se você não souber gerir seu consultório.

Nada ilustra melhor do que a história do Dr. Thiago. O Dr. Thiago era dentista. Sua esposa trabalhava na clínica e fazia gestão, porém não possuíam nenhum tipo de controle financeiro.

Misturavam pessoa física com jurídica. Na primeira reunião que fizemos, perguntei: *"quanto você tira de salário pra si mesmo?"* Ele me respondeu: "*Por volta de* 20 mil".

Logo, perguntei: *"Posso fazer o levantamento financeiro dos últimos 3 meses da sua conta, para entendermos melhor seus números?"*. Prontamente ele disponibilizou.

Ao fazer o levantamento, diagnostiquei que o valor das suas retiradas, considerando o pagamento das suas contas pessoa física (financiamento da casa, supermercado, combustível, empregada, luz, internet, entre outros gastos) e fatura de cartão, foi de R$ 27.235,00 no primeiro mês, R$ 32.765,00 no segundo mês e R$ 38.420,00 no terceiro mês.

O que podemos perceber é que naturalmente vamos subindo o nosso custo de vida mensal sem perceber, com restaurantes, alimentação, combustível, presentes, roupas e aquela última fatura vai se tornando um novo normal e entramos na zona de conforto financeira.

Sem consciência financeira, faremos o que tivermos que fazer para reestruturar nossa zona de conforto, mesmo que seja um empréstimo, vender algo ou atender mais.

Podem vir mais pacientes, você pode dominar as técnicas mais avançadas da sua área, ter um atendimento espetacular, mas sem gestão financeira tudo irá ruinar, é só questão de tempo, a organização financeira é um dos aspectos mais importante para o sucesso do seu consultório.

Quem está aberto as mudanças, está aberto ao crescimento

CAPITULO 3
Receita, Faturamento e Lucro

Você, profissional da saúde, já sabe a diferença entre faturamento, receita e lucro? Geralmente isso gera confusão, mas na verdade são explicações bem simples e de fácil compreensão.

Começando pelo faturamento. Esta palavra é muito utilizada no mercado, dentro das empresas e certamente você já escutou alguém falar que em um determinado mês, o negócio teve faturamento alto ou baixo. Pois é, este termo é bastante popular.

Faturamento nada mais é que a soma de todos os valores obtidos com as vendas de produtos ou serviços, dentro do consultório ou clínica em um determinado período, outras palavras é a soma de todos os seus meios de pagamento considerando, debito, pix, dinheiro e também crédito e cheques.

E Receita? Acredite, não é a mesma coisa! Receita refere-se aos valores que entram no seu caixa, ou seja, seu paciente te paga no débito, pix ou dinheiro, essa é sua receita, o que entrou de dinheiro para você naquele mês, por exemplo, um paciente decide fazer um procedimento, você fecha a venda dele hoje, porém ele começa a te ganhar mês que vem, essa venda entra nesse mês no seu faturamento, porém não entra na sua receita.

Para continuar entendendo a diferença entre faturamento, receita e lucro, agora que você já viu um pouco sobre os dois primeiros tópicos, chegou o momento de falar do Lucro.

Este termo trata-se de um resultado positivo ou negativo após a subtração dos valores correspondentes a custos e despesas. Ou seja, você pega sua receita, menos as despesas da sua clínica ou consultório, chegamos ao resultado líquido.

Você precisa controlar cada um desses fatores, para que não seja pego de surpresa. Como foi o caso de um Hospital que se viu em situação de endividamento. Apesar de ter uma alta arrecadação, a despesa era ainda mais alta. Fazendo com que o resultado fosse um déficit de R$ 780 mil, atraso na compra de materiais, remédio e até pagamentos.[2]

Fluxo de Caixa

O fluxo de caixa irá mostrar todas as entradas e saídas de dinheiro do caixa do seu consultório. Resumindo, ele irá centralizar todas as receitas e despesas em um único local, garantindo uma ótima visualização sobre sua situação financeira atual.

Você pode organizar seu fluxo de caixa de forma diária, semanal, mensal, ou como preferir. O ideal é que você utilize seu fluxo de caixa de forma inteligente, para manter o saldo da empresa sempre positivo.

Essa dica parece boba, mas documentar todas as transações financeiras é o que vai deixar às claras todos os ganhos e despesas, dando a você uma visão detalhada do seu dinheiro e mantendo um histórico financeiro do seu negócio. Ao fazer um fluxo de caixa, lembre-se de registrar tudo: desde a simples compra de materiais de escritório, até os recebimentos em cheques, dinheiro e cartão.

Os principais erros que os profissionais da saúde comentem ao criar um fluxo de caixa é não atualizar o fluxo de caixa diariamente, não categorizar os lançamentos, não ter uma reserva financeira para imprevistos e não utilizar um sistema ou uma planilha para se organizar.

Para evitar esses erros é necessário estruturar o fluxo de caixa do seu consultório, o fluxo de caixa deve ter uma estrutura mais flexível, fácil de se ler e interpretar, vou te mostrar uma estrutura na imagem abaixo:

		JANEIRO			
		Semana 1		Semana 2	
		Previsto	Concretizado	Previsto	Concretizado
ENTRADAS	Saldo inicial	12000	10000	13000	11100
	Vendas à vista	7000	9000	8000	6000
	Vendas à prazo	3200	4000	3500	5700
	A receber	1600	800	3000	2600
	Outros	1200	1000	2000	2200
	TOTAL ENTRADAS	13000	14800	16500	16500
SAÍDAS	Fornecedores	4000	4300	3200	3600
	Água e luz	330	350	330	300
	Telefone e Internet	180	180	180	180
	Combustível	400	765	750	1250
	Pró-labore	3000	3000	0	600
	Impostos e taxas	2000	2000	185	185
	Outros	250	180	110	115
	TOTAL SAÍDAS	10160	10775	4755	6230
	SALDO OPERACIONAL	2840	4025	11745	10270
	SALDO FINAL	14840	14025	24745	21370

  O modelo ideal possui uma coluna com as categorias (contas) que ocorrem normalmente no consultório, lembrando que aqui não entra suas despesas pessoais.

  Você irá lançar todas as saídas previstas, da mesma forma que precisamos prever as entradas, precisamos prever as saídas. Então, verifique todos os compromissos que você já tem e atualize o seu controle financeiro de acordo com o valor e data de pagamento.

  Os gastos fixos, por serem recorrentes, podem ser lançados para todos os meses de uma vez e você irá apenas atualizando os valores quando as faturas chegarem.

  O ideal é ter as colunas de " Previsto" e " realizado" para que possa ser feito o acompanhamento conta a conta, identificando se teve uma alteração entre o valor que você estava prevendo e o que de fato pagou, importante entender o motivo dessa variação.

Agora que você programou todas as entradas e saídas, fica fácil de saber quando seu consultório precisará de dinheiro ou quanto está sobrando para novos investimentos.

Se você possui um bom sistema financeiro, basta puxar o relatório do fluxo de caixa e verificar o resultado diário do seu caixa e quando seu consultório precisará de dinheiro.

Agora se você utilizar uma planilha basta aplicar essa formula para cada dia que você quer prever. Saldo inicial do dia + entradas previstas – despesas previstas = saldo do final do dia.

Esse demonstrativo básico vai te permitir tomar decisões antecipadamente. A partir de uma análise mensal, você também poderá saber o quanto seu consultório está gerando de caixa de verdade durante o mês e para onde está indo o dinheiro.

Se o valor for positivo, ótimo! Seu consultório ou clínica está se sustentando.

Se o valor for negativo, cuidado! Seu consultório pode estar tendo prejuízo e com o tempo, o caixa simplesmente pode acabar.

Com um fluxo de caixa bem controlado, o empresário tem uma visão clara de tudo que entrou e saiu da empresa em um período. Além disso, o profissional da saúde ganha oportunidade de prever como estará o caixa futuro para não ser pego de surpresa ou até investir.

Muitas pessoas confundem fluxo de caixa e controle de entradas e saídas, são duas ferramentas com propósitos um pouco diferentes, mas ambas trabalham juntas!

- Controle de caixa

O controle de entradas e saídas é fundamental para o gerenciamento financeiro eficiente do seu consultório. Com ele, é possível registrar todos os lançamentos financeiros do dia, controlar as contas pagas e os recebimentos. Além disso, ao final do dia, é possível obter o saldo do caixa e realizar uma análise financeira do seu negócio.

É importante destacar que o controle de entradas e saídas não se resume apenas a registrar as transações financeiras, mas também envolve a organização dos documentos fiscais, como notas fiscais, recibos e comprovantes de pagamento. Dessa forma, é possível manter uma contabilidade precisa e evitar problemas com o Fisco.

Em resumo, o controle de entradas e saídas é uma ferramenta essencial para o gerenciamento financeiro eficiente do seu consultório. Com ele, você pode registrar todas as transações financeiras, controlar as contas pagas e os recebimentos, e obter uma análise financeira do seu negócio. Lembre-se de manter a organização dos documentos fiscais e contar com o auxílio de um profissional de contabilidade para manter suas finanças em ordem.

- Fluxo de caixa

Ele bem elaborado, te permite projetar o caixa trimestralmente, semestralmente! Analisar os números mês a mês, prever as entradas e saídas, verificar quais são as maiores despesas do consultório, os impactos dela no mês, reduzir os planejar as despesas, planejar e tomar decisões importantes de investimento.

Você consegue organizar todo o seu fluxo de caixa, mas não sabe o que fazer com essas informações! Então quero te mostrar:

Analisar os dados do seu FLUXO DE CAIXA vai te permitir:

1- Estabelecer cortes nos custos que estão prejudicando seu caixa, com base nos dados de saída.

2- Negociar melhor as datas de vencimento para evitar atrasos e alinhar com as datas de entrada dinheiro.

3- Definir os investimentos que serão feitos para o crescimento do seu consultório, seja em marketing, seja na compra de novos equipamentos, uma nova especialização, etc.

Desta forma você poderá fazer escolhas mais conscientes sem comprometer o financeiro do seu consultório.

O dinheiro é como uma ponte que liga os nossos desejos e necessidades aos nossos sonhos

CAPITULO 4
Estratégia dos 5 C's para ter uma clínica ou consultório lucrativo

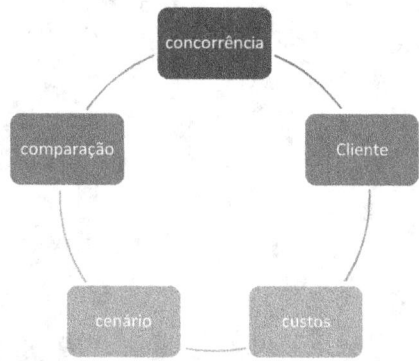

A precificação adequada dos serviços de um consultório é um desafio enfrentado por muitos médicos e donos de clínicas. Porém, uma estratégia que tem se mostrado eficiente é a dos 5 C's. Essa metodologia consiste em cinco passos que ajudam a determinar o preço justo para sua consulta.

Concorrência: Na estratégia dos 5 C's, é importante considerar a concorrência ao precificar os serviços do consultório. Cobrar muito abaixo do mercado pode trazer dificuldades em atingir a média desejada, pois pode dar a impressão de baixa qualidade ou gerar desconfiança por parte dos clientes.

A estratégia do vácuo competitivo pode ser uma opção interessante, na qual o consultório busca se posicionar em um patamar diferente dos concorrentes, oferecendo um serviço diferenciado ou com mais benefícios. Dessa forma, quanto mais distante dos concorrentes, mais difícil será para eles ultrapassarem o consultório em termos de qualidade e preço.

No entanto, é importante ressaltar que cobrar muito acima do mercado desde o início também não é recomendado, pois pode gerar rejeição por parte dos clientes e dificultar a entrada no mercado. É preciso encontrar um equilíbrio entre oferecer um serviço de qualidade e atrativo, sem deixar de considerar a concorrência e as necessidades do público-alvo.

Cliente: Esse é um fator chave para determinar a precificação adequada dos serviços do consultório. É importante lembrar que o preço deve ser proporcional à percepção de valor que o cliente tem do serviço. Isso significa que, se o cliente enxergar um grande valor na consulta, estará mais disposto a pagar um preço mais elevado por ela.

Porém, é necessário oferecer um diferencial competitivo para justificar esse preço mais elevado. É importante analisar o que o consultório está entregando aos clientes e como isso se diferencia dos serviços oferecidos pelo convênio ou pelo SUS. Se o que o consultório oferece não se diferencia desses serviços, pode ser difícil justificar uma precificação mais alta.

Por isso, é importante investir em diferenciais que agreguem valor ao serviço, como um atendimento personalizado, equipamentos mais modernos, horários flexíveis, entre outros. Dessa forma, o cliente perceberá que está recebendo algo a mais pelo que está pagando, justificando um preço mais elevado.

Em resumo, para precificar adequadamente os serviços do consultório, é preciso levar em consideração a percepção de valor do cliente e oferecer um diferencial competitivo que justifique o preço mais elevado. Isso ajudará o consultório a atrair clientes dispostos a pagar pelo serviço e a se diferenciar da concorrência.

Custo: o custo é um fator fundamental para a precificação adequada dos serviços do consultório. É comum que muitos especialistas cobrem um valor elevado em suas consultas, por exemplo, 400,00. No entanto, é preciso considerar que há diversos custos envolvidos no atendimento de cada paciente, como impostos, gastos fixos e variáveis, além de taxas de maquininha e deslocamento.

Para garantir que o preço cobrado esteja de acordo com os custos envolvidos, é recomendado que os profissionais da saúde estabeleçam uma margem de lucro líquida de pelo menos 50%. Isso significa que o preço cobrado deve ser, no mínimo, o dobro dos custos envolvidos no atendimento de cada paciente. Essa margem é importante para garantir que o consultório tenha recursos suficientes para cobrir seus custos e gerar um lucro justo.

Além disso, é importante revisar os custos periodicamente e fazer ajustes na precificação, caso necessário. O mercado está em constante mudança, e os custos envolvidos no atendimento de pacientes podem variar ao longo do tempo. Por isso, é importante estar sempre atento aos custos e aos preços praticados pela concorrência, para garantir que o consultório esteja competitivo e rentável.

Cenário: Ao considerar o cenário de um consultório médico, é importante levar em conta a especialidade do profissional e o tipo de serviço oferecido. No caso de um cirurgião plástico no início da carreira, é possível que ele não precise cobrar valores muito elevados, uma vez que o maior gasto do paciente será com a cirurgia ou procedimento em si.

Por outro lado, para um clínico geral, é necessário elaborar uma estratégia de precificação mais cuidadosa, já que ele não tem como tracionar vendas de procedimentos específicos. Nesse caso, é recomendado que o profissional ofereça pacotes de serviços, incluindo consultas, exames e tratamentos. Dessa forma, é possível agregar valor aos serviços prestados e atrair mais clientes.

Comparação: Na estratégia dos 5 Cs, a comparação é um ponto importante para o sucesso na hora de vender um produto ou serviço, como uma consulta ou procedimento médico. Uma das melhores táticas é saber ancorar e estabelecer uma base comparativa de preços para o paciente, mostrando o valor agregado do serviço oferecido.

Por exemplo, ao apresentar o valor de um determinado procedimento, pode-se destacar que ele custa 2.000,00, valor bem abaixo da média de uma cirurgia, que pode chegar a 30 mil em casos mais graves. Essa comparação ajuda a mostrar ao paciente que ele está fazendo um bom negócio ao optar pelo procedimento em questão, o que pode ajudar a aumentar as vendas e a fidelizar o cliente.

Porém, é importante lembrar que essa tática deve ser utilizada com cuidado, evitando fazer comparações desleais ou exageradas, o que pode levar o paciente a desconfiar do serviço oferecido. Além disso, é fundamental que o consultório ofereça um atendimento de qualidade e um serviço eficiente, garantindo a satisfação do paciente e a reputação positiva do negócio.

Como Precificar

Esse é o processo que consiste em mensurar o valor de um produto ou serviço.

E para calcular o preço da sua consulta ou dos seus procedimentos é importante que ele pague os custos dos materiais utilizado, os profissionais envolvidos e ainda tenha uma representação financeira do que o produto ou serviço propõe.

Esses são os 4 motivos principais para você montar a precificação do seu procedimento, pare de somente ficar girando dinheiro no seu consultório e aprenda a fazer dinheiro com seu dinheiro.

1. **Identificação** do custo da hora clínica

2. **Inclusão** de forma correta dos custos operacionais

3. **Definição** da margem de lucro eficiente

4. Cobrar de **forma correta** e justa

De nada adianta ter a agenda LOTADA se você não sabe PRECIFICAR os seus tratamentos

Um consultório que tem o preço errado, toda venda é PREJUIZO!

Se você não sabe como calcular, de forma correta, os preços dos seus procedimentos, é muito provável que você esteja tendo prejuízo a cada novo paciente. ASSUSTADO, né?!

Quando você não precifica corretamente a sua consulta ou procedimento fica sempre aquela sensação que você está pagando para trabalhar, ou que, no mais que as vendas ocorram, o dinheiro nunca dá.

Quando a precificação acontece de forma correta, você tem a certeza de estar recebendo e cobrando o preço justo. Além da tranquilidade de ver a vida financeira, sua e do seu consultório equilibrada. Vou mostrar aqui alguns dos benefícios:

1 - Tem uma vida mais leve, pela segurança de saber que está cobrando o valor correto

2- Começa a valorização do seu trabalho, você passa a se ver de outra maneira e consequentemente as pessoas também te notam assim.

3- Consegue ter salário, separar décimo terceiro. A saúde financeira do seu consultório melhora quase que automaticamente.

4- Não fica na sensação de pagar para trabalhar. Ninguém merece se dedicar tanto ao trabalho e chegar ao final do mês com o sentimento de desvalorização.

5- Entende seus custos, por isso, sabe dar descontos. Afinal, o desconto que você dá pode afetar o seu faturamento mensal, mas quando entende tudo que envolve seu consultório, isso não acontece.

6 - Sabe o mínimo que pode cobrar na consulta ou procedimento. E não é porque viu quanto seu concorrente cobra ou apenas multiplicou o que gastou por ou 3.

Cálculo da Hora Clínica

A precificação adequada é a base indispensável para você ter lucro no seu negócio e a precificação do profissional da saúde começa pelo cálculo da hora Clínica!

O cálculo da hora clínica é um pouco trabalhoso e por isso faz muitos profissionais da saúde desistirem de calcular.

Com uma ferramenta adequada, é possível a realização do cálculo em poucos minutos além da identificação de gargalos que podem estar tomando o lucro do seu consultório.

Vou te ajudar a calcular sua hora clínica (HC), primeiro precisamos dividir as suas despesas do consultório em dois grupos, um com as despesas fixas, aquelas despesas que não tem relação com a quantidade de atendimentos que você faz, ou seja, não tem relação com o volume de paciente atendidos.

Por exemplo, custos como aluguel, secretária, pró-labore, contador, telefone, sistema, entre outros.

Já os custos variáveis, estão relacionados com a quantidade de pacientes.

O pró-labore é o seu salário, o quanto precisa para pagar suas despesas pessoais, não é propriamente dito, o valor que o contador emite de pró-labore contábil

Como os custos com materiais, impostos, tarifas de cartão de crédito.

No cálculo da hora clínica você deve somar todos os seus custos fixos e dividir pelo número de horas de atendimento que você faz por mês.

Vou te mostrar um exemplo, esse consultório possui as seguintes despesas:

- Aluguel
- Energia
- Funcionário
- Pró-labore
- Outros

Total, como exemplo R$ 12 mil

Depois devemos calcular quantas horas você trabalhada por semana, por exemplo: 8 horas por dia x 5 dias na semana = 40 horas semanais

Depois encontre quantas horas mensais 40 x 4 = 160 horas mensais

A sua Hora clinica é 12 mil (custo mensal) dividido por 160 horas = 75 reais a hora.

Saber quanto custa sua hora clínica é extremamente importante, porque você pode estar pagando para trabalhar.

Dr. Neto, meu cliente, era médico cardiologista, sua consulta custava R$ 450,00, ele tinha certeza que o valor que estava cobrando era um valor bom, porém após calcular a hora clínica, ele conseguiu entender o porquê só girava dinheiro, chegava final do mês e não sobrava dinheiro, o seu custo da hora clinica é R$ 520,00, o mínimo que poderia estar cobrando, sem ter nenhum lucro é R$ 520,00, diante dessa analise o valor da consulta passou para R$ 650,00 e continuou tendo agenda cheia.

Mas além calcular a hora clínica é importante analisar no decorrer do ano, quais variações estão ocorrendo.

- Porque o custo está aumentando?

- Sua hora de atendimento varia muito de uma semana para outra e você não consegue definir a quantidade de horas trabalhada no mês?

Se for a primeira situação, observe quais são seus gastos, seus custos mensais, o que tem aumentando em relação ao mês anterior, são seus materiais que subiram? Seus gastos pessoais?

Se for a segunda situação, é muito simples, não desista de fazer o cálculo nesse momento. Mensure uma média mensal de horas trabalhadas, é preferível a média do que ao invés de um valor aleatório...

Cálculo da Hora Clínica

Lembre-se de precificar NÃO é se basear no preço do seu colega!

Você, profissional da saúde, sabe que não aprendeu nada sobre gestão financeira na faculdade e também sabe que esse conhecimento faz muita falta no dia a dia.

Por isso, é extremamente importante você calcular o preço dos seus procedimentos, para que além da sua consulta os seus procedimentos tenham lucratividade.

Após calcular sua hora clínica, você precisa fazer o levantamento dos custos do seu procedimento. Vou te dar um exemplo do procedimento Botox: Qual é o custo da toxina? Com uma caixa consegue aplicar em quantos pacientes? Você deita o paciente na maca? Usa seringa? Quanto custa? Usa algodão?

Após mapear todos os custos com aquele procedimento, some e tenha a um valor final de custos.

Além do custo dos materiais é necessário mapear quanto tempo você leva para fazer aquele procedimento, foram 30 minutos? 60 minutos? 120 minutos?

Em seguida, precisa levantar a alíquota de imposto que paga sobre a venda do seu procedimento. Se não tem essa informação, solicite ao seu contador. também será necessário saber a taxa da sua máquina de cartão: quanto paga no débito, crédito e crédito parcelado?

E por último a sua margem de lucro, geralmente os profissionais da saúde trabalham com uma margem de 30%.

Vou mostrar aqui, um exemplo de planilha que te ajudará a precificar seu procedimento.

Muitas vezes, as clínicas vendem bem, mas, os preços dos procedimentos estão errados e por isso nunca existe lucro no final do mês.

O tal senso comum que existe no Brasil nos leva a pensar: *"ah, joga 100% em cima do valor do custo que dá certo"*...Certo pra quem?

Cada clínica e consultório tem um processo, um custo fixo e suas próprias necessidade de margem de lucro.

Quando estou conversando sobre precificação com meus clientes, muitas vezes sinto que alguns ainda tem vergonha de vender seus procedimentos.

O que você precisa entender é que quando estamos fechando um tratamento, você está ajudando o paciente. Afinal, se ele te procurou, é porque ele possui alguma dor e você é o profissional que pode ajudá-lo a resolver.

Então, quando estiver realizando uma venda, não tenha medo de expor seus pontos, demonstrar sua qualificação e mostrar que você é o profissional ideal para atender o potencial cliente.

Por Trás Do Preço Da Sua Consulta

Definir o preço da consulta médica não é tão simples quanto possa parecer. O valor cobrado por atendimento é, inclusive, bastante variável, mesmo se tratando de uma mesma especialidade.

Tempo de carreira, currículo do profissional, custos com estrutura, impostos e poder aquisitivo da base de pacientes são exemplos de fatores que influenciam diretamente no preço estipulado.

Você precisa levar em consideração esses itens que estão por trás do seu preço.

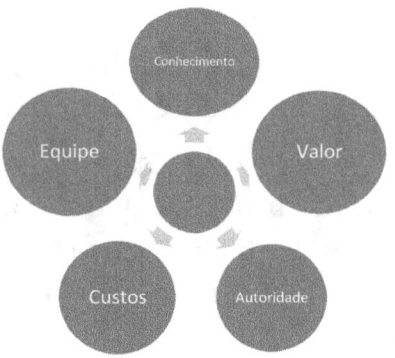

Conhecimento: O conhecimento é um dos principais fatores que podem influenciar o preço de um produto ou serviço na área médica.

Um profissional que investe em sua formação e atualização, participando de cursos, congressos, pós-graduações e mentorias, está mais apto a oferecer um atendimento de qualidade e diferenciado, o que pode aumentar a percepção de valor por parte do paciente e, consequentemente, justificar um preço mais elevado.

Além disso, o conhecimento também pode ajudar o médico a identificar oportunidades de negócio, como a oferta de novos serviços ou a adoção de tecnologias mais eficientes, o que pode impactar positivamente o faturamento do consultório.

Portanto, investir em conhecimento é fundamental para se destacar no mercado e obter uma precificação justa e adequada aos serviços prestados.

Valor: Um conceito fundamental na precificação de produtos e serviços. Ele se refere ao benefício que o paciente/cliente recebe ao adquirir o que está sendo oferecido, incluindo a solução de um problema, realização de um desejo, melhora da imagem, comunicação efetiva, tempo economizado e técnicas de qualidade.

É importante destacar a diferença entre Valor e Preço. Enquanto o preço é o valor monetário cobrado pelo produto ou serviço, o Valor é o conjunto de benefícios que o paciente/cliente recebe ao adquiri-lo. Por isso, é possível ter produtos ou serviços com preços elevados, mas que entregam um alto Valor ao paciente/cliente.

Assim, é fundamental que os médicos entendam o Valor que estão oferecendo em seus serviços e como isso pode influenciar na precificação. Ao comunicar claramente o Valor entregue ao paciente/cliente, é possível justificar preços mais elevados e destacar o diferencial do serviço em relação à concorrência.

Autoridade: Autoridade é um fator fundamental na definição do preço de um produto ou serviço.

A construção de uma imagem forte e positiva como especialista em determinada área, por meio de marketing e produção de conteúdo gratuito, pode aumentar a percepção do público em relação à sua autoridade.

Isso pode ser reforçado pela vestimenta adequada e apresentação pessoal, além da qualidade do atendimento e dos resultados obtidos com os pacientes. Esses elementos contribuem para que o cliente atribua maior valor ao seu serviço, permitindo que você cobre um preço mais elevado em comparação com outros profissionais com menos autoridade no mercado.

Custos: Para definir o preço de um produto ou serviço, é fundamental considerar os custos envolvidos em sua produção e prestação. Além dos custos diretos, como materiais e equipamentos, é importante levar em conta os custos indiretos, como aluguel, luz, condomínio, IPTU, salários e encargos trabalhistas, marketing e outros.

Conhecer bem esses custos é essencial para garantir que o preço praticado seja suficiente para cobrir as despesas e ainda gerar lucro. Por isso, é importante realizar um planejamento financeiro detalhado e fazer uma análise cuidadosa dos gastos envolvidos no negócio.

Vale lembrar que a definição do preço não pode se basear apenas nos custos, mas também na demanda do mercado e na percepção de valor que os clientes têm em relação ao produto ou serviço oferecido. Dessa forma, é possível estabelecer um preço que seja justo e competitivo, sem comprometer a rentabilidade do negócio.

Conhecer seus custos é essencial para a manutenção da sua atividade profissional. Como mostra o caso de uma Clínica, em Belo Horizonte que. após 14 anos de atividade, declarou falência.[3]

Equipe: a qualidade da sua equipe pode influenciar diretamente no valor do seu serviço ou produto. Investir em salários competitivos, encargos, treinamentos, uniformes e capacitações pode elevar a qualidade do atendimento e consequentemente aumentar a percepção de valor do paciente. Além disso, uma equipe bem treinada e motivada pode ser mais produtiva, reduzindo custos e aumentando a eficiência do negócio. Por isso, é importante considerar o investimento em equipe como um fator essencial para definir o preço do seu produto ou serviço.

Obviamente, quanto melhor você estiver em cada um destes itens, maior seu valor e assim, maior o preço.

Seu produto é muito mais que apenas um preço!

Preço não é determinante para a compra, muitos consumidores não optam sempre por aquele que é mais barato!

Mas para você determinar seu preço você precisa.... Saber o seu valor, seus custos, seus pontos positivos, seus diferenciais, suas técnicas e o quanto vale cada uma delas!

Preço e Valor são conceitos que parecem ser iguais, porém são bem diferentes. Você sabe o que cada um significa e qual aplicar em seu consultório?

PREÇO: A quantidade monetária que se atribui a um produto ou serviço;

VALOR: Qualidade percebida de um produto ou serviço;

PREÇO É NEGOCIAVÉL, *QUALIDADE, NÃO!!*

Como exemplo podemos usar a Apple, com o IPhone, embora seja um produto muito mais caro que os demais no mercado sempre que é lançado um novo modelo existem muitas pessoas que compram, isso porque, normalmente, elas ligam o aparelho a uma estima que possuem, um valor que ele proporciona, que pode ser o status, a praticidade, a qualidade, entre outros.

Neste momento o cliente não se importa mais com o preço do produto e sim com o que ele irá proporcionar, mesmo que seja caro ele vai comprar. Como explica Warren Buffett: *"Preço é o que você paga, valor é o que você leva"*.

E a partir desse conceito, elaborei esse mapa para te ajudar a identificar qual é o seu posicionamento, pois através dele você consegue criar estratégias e também se basear na precificação. Como você é percebido? Qual é seu posicionamento?

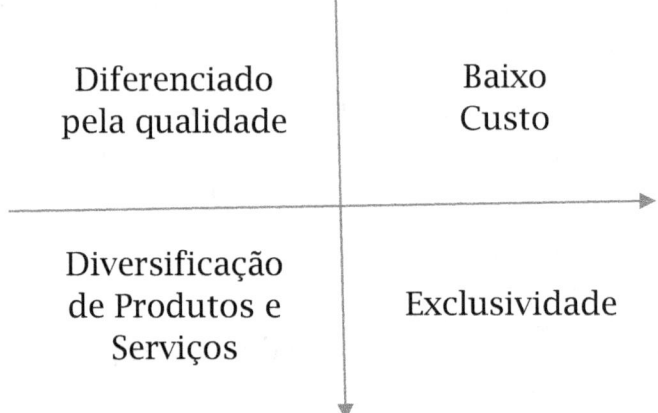

Posicionamento de um consultório é o processo de determinar como o seu negócio é percebido pelos pacientes em relação aos concorrentes. É importante definir um posicionamento claro para sua clínica para se destacar em um mercado competitivo e atrair mais pacientes.

Vou te mostrar alguns itens que você precisa mapear para posicionar sua clínica no mercado.

- **Identifique seu público-alvo**

O primeiro passo para posicionar sua clínica é identificar seu público-alvo. Quem são seus pacientes ideais? Qual é a faixa etária, gênero, localização e interesses dessas pessoas? É importante ter uma compreensão clara do seu público-alvo para desenvolver uma estratégia de posicionamento eficaz.

- **Identifique seus concorrentes**

Além de conhecer o seu público-alvo, é importante identificar seus concorrentes. Quais são as outras clínicas na sua região que oferecem serviços semelhantes? Como eles se posicionam no mercado? Quais são as suas forças e fraquezas? Ter uma compreensão clara dos concorrentes ajudará a definir um posicionamento único para sua clínica.

- **Defina seu diferencial**

Para se destacar no mercado, sua clínica precisa ter um diferencial claro. O que sua clínica oferece que é único em relação aos seus concorrentes? Pode ser a qualidade dos serviços, o atendimento ao paciente, a tecnologia utilizada ou qualquer outra característica que faça sua clínica se destacar. Defina seu diferencial e destaque-o em sua estratégia de marketing.

- **Crie uma mensagem clara**

Uma mensagem clara é essencial para posicionar sua clínica no mercado. Crie uma mensagem que transmita seu diferencial e a proposta de valor da sua clínica para o seu público-alvo. Sua mensagem deve ser concisa, fácil de entender e deve ser consistente em todos os canais de comunicação.

- **Utilize canais de comunicação adequados**

Para comunicar sua mensagem clara para seu público-alvo, é importante escolher os canais de comunicação adequados. Utilize redes sociais, site, e-mail marketing, panfletos, anúncios em jornais locais e outras estratégias de marketing que sejam adequadas para seu público-alvo. Certifique-se de que sua mensagem seja consistente em todos os canais de comunicação utilizados.

- **Monitore e avalie constantemente**

Por fim, é importante monitorar e avaliar constantemente seu posicionamento no mercado. Observe como seus pacientes e concorrentes percebem sua clínica e faça ajustes na sua estratégia de posicionamento, se necessário. Além disso, monitore os resultados das suas campanhas de marketing e faça ajustes para melhorar sua eficácia.

Posicionar sua clínica no mercado é essencial para se destacar em um mercado competitivo e atrair mais pacientes. Para posicionar sua clínica, é importante identificar seu público-alvo, seus concorrentes e definir um diferencial claro. Além disso, crie uma mensagem clara, utilize canais de comunicação adequados e monitore e avalie constantemente. Ao seguir essas dicas, você estará no caminho certo para posicionar sua clínica de forma eficaz.

Os Quadrantes do Consultório Lucrativo

O quadrante é uma ferramenta estratégica de planejamento utilizada para avaliar a posição atual de um consultório ou clínica em relação ao mercado e identificar seus diferenciais, riscos, oportunidades e ameaças.

O quadrante começa com a identificação dos seus diferenciais, incluindo seus recursos, habilidades, conhecimentos e ativos. Em seguida, avalia-se os riscos do seu consultório, o que pode não dar certo, incluindo fatores econômicos, políticos, sociais, tecnológicos e competitivos que podem afetar o seu consultório.

Com base nessa avaliação, o consultório pode desenvolver uma estratégia de negócios que capitalize seus diferencias e oportunidades, enquanto aborda seus riscos e ameaças.

O quadrante pode ser usado em diferentes momentos, desde a avaliação do consultório como um todo até a análise de projetos ou produtos específicos, como a ampliação para uma clínica.

Algumas das principais vantagens do quadrante:

- Permite identificar os fatores internos e externos que afetam o consultório;
- Ajuda a compreender a posição do consultório em relação aos concorrentes e ao mercado;

- Facilita a identificação de oportunidades de crescimento e inovação;
- Auxilia na elaboração de estratégias de negócios eficazes.

No entanto, é importante lembrar que o quadrante não é uma solução completa para o planejamento estratégico, e que deve ser usada em conjunto com outras ferramentas e análises para obter uma visão completa e precisa do ambiente do seu consultório.

Esse quadrante uso com meus clientes como forma de mapearmos e buscarmos o tão sonhado consultório lucrativo.

Acrescentei perguntas em cada quadrante para te ajudar a refletir e montar o seu quadrante.

Seus Diferenciais	Os riscos do seu negócio
O que fazemos de bem? O que nossos clientes ou parceiros dizem que gostam sobre nós? Em que áreas superamos nossos concorrentes? Que ativos temos (propriedade intelectual, tecnologia, inovação)?	Quais riscos nosso negócio tem? O que podemos melhorar para evitar prejuízo? O que precisamos implementar? Em que nos falta conhecimento ou recursos? Para quais tendências de mercado estamos despreparados?
Suas oportunidades de melhoria	**As ameaças**
Quais novas tendências podemos aproveitar? Quais novas atividades podemos implantar? Quais novos atendimentos posso oferecer? Existe outros meios de gerar receitas na clínica?	O que sua concorrência está fazendo de diferente de você? O que pode prejudicar nossa clínica? Quais questões econômicas ou políticas podem ter impacto em nosso negócio?

Preço é o que você paga, valor é o que você leva

CAPITULO 5
Como Aumentar o Valor da Minha Consulta?

Para ter a possibilidade de aumentar o valor da sua consulta e procedimentos e, ainda assim, encantar seu paciente, é fundamental conhecê-lo a fundo. É necessário entender o que ele está procurando, quais benefícios espera, que tipo de produto ou serviço está procurando, quais dores está sentindo, o que ele deseja mudar e qual o objetivo dele ao buscar por você.

Com essas informações, é possível proporcionar uma experiência de compra que exceda as expectativas do paciente, gerando um sentimento de valor e fidelidade em relação à sua marca.

Desta forma fica mais fácil o processo de fidelização, além de deixar o cliente menos sensível as investidas da concorrência, porque sabe que no seu consultório ou clínica irá encontrar o que procura de forma exclusiva e impecável.

Os valores percebidos pelo paciente podem ser tangíveis, como conveniência, rendimento, qualidade superior, customização e também intangíveis, como pertencimento, realização pessoal, marca, design, além dos valores que o produto permite materializar: autoestima elevada, qualidade de vida ou a união da família, entre outros.

Lembre-se que o consumidor está cada vez mais exigente. Sua proposta de valor deve ser clara e, facilmente, percebida pelo cliente que escolhe a sua marca ao invés dos concorrentes. Não há dinheiro no mundo que compre valor, então busque encantar seu paciente para tê-lo para sempre.

Vou te mostrar algumas ações que você pode realizar para aumentar o valor da sua consulta ou procedimento:

- **Olhe para Fora**

É importante avaliar como seus colegas estão precificando seus serviços. Identificar o valor máximo cobrado pelo mercado pode ajudá-lo a estabelecer o preço ideal para seus serviços. Se um colega está cobrando um valor elevado, é provável que ele esteja gerando valor para seus pacientes e, portanto, é possível que você também possa cobrar um valor semelhante.

Observar a estrutura e os materiais utilizados por seus colegas pode fornecer informações valiosas sobre o que funciona bem no mercado e o que não funciona. Ao entender como outros profissionais estão gerando valor para seus pacientes, você pode descobrir novas oportunidades para melhorar a experiência do seu próprio paciente e se destacar no mercado.

Outra maneira de olhar para fora é por meio de pesquisas de mercado. Essas pesquisas podem fornecer informações valiosas sobre as necessidades e desejos do seu público-alvo, permitindo que você adapte seus serviços para atender às expectativas do paciente.

Ao olhar para fora, é importante manter a mente aberta e estar disposto a aprender com os outros profissionais do mercado. Ao incorporar as melhores práticas e ideias inovadoras, você pode melhorar a qualidade dos seus serviços e gerar valor significativo para seus pacientes.

- **Olhe para Dentro**

Ao olhar para dentro, é importante avaliar quais recursos você tem disponíveis que possam aumentar o valor dos seus serviços. Uma das principais áreas a serem consideradas é o capital intelectual. Quanto mais conhecimento e habilidades você tiver, maior será o valor que você pode gerar para seus pacientes. Portanto, invista em treinamentos, cursos e outras formas de aprendizado para aprimorar suas habilidades e conhecimentos.

Outra área importante a ser considerada é o capital imagético, ou seja, como você e sua marca são percebidos pelo público. Para aumentar o valor da sua marca, invista em sua imagem, seja em termos de sua aparência pessoal, do design do seu consultório ou da qualidade dos materiais de marketing que você utiliza. Tudo isso pode contribuir para melhorar a percepção do seu paciente em relação à sua marca.

Além disso, é importante avaliar o valor que você já está entregando aos seus pacientes. Olhe para seus diferenciais, como sua localização, suas especialidades e experiência. Identifique como você pode utilizar esses diferenciais para oferecer um serviço ainda mais valioso para seus pacientes. Considere também as transformações e benefícios que seus pacientes obtêm com seus serviços. Isso pode ajudá-lo a identificar novas oportunidades para melhorar a experiência do paciente e aumentar o valor que você entrega.

Ao olhar para dentro, lembre-se de que o sucesso na área de saúde requer um equilíbrio entre o aprimoramento das habilidades profissionais e a construção de uma marca forte. Ao investir em seu capital intelectual e imagético, você pode aumentar sua capacidade de gerar valor para seus pacientes e construir uma marca que seja reconhecida e respeitada no mercado.

- **Aumente Sua Autoridade**

Para aumentar sua autoridade no mercado, é importante construir uma presença sólida e consistente nos meios digitais. Uma das principais maneiras de fazer isso é criar conteúdo valioso e relevante para seus pacientes em potencial. Isso pode ser feito por meio de blogs, vídeos, podcasts e outros canais de mídia social.

Ao criar conteúdo, é importante manter um tom profissional e informativo, mas também é importante mostrar sua personalidade e humanidade para estabelecer uma conexão com seu público-alvo. Demonstre sua experiência e expertise no assunto, e ajude seus pacientes a entender melhor as informações sobre saúde e bem-estar.

Além disso, é importante manter uma presença constante e consistente nas redes sociais e outras plataformas digitais relevantes para seu público-alvo. Isso pode ajudar a aumentar sua visibilidade e a construir um público fiel que esteja interessado em seus serviços.

Por fim, é importante criar um desejo nas pessoas em serem atendidas por você. Ao demonstrar seu valor e autoridade nos meios digitais, você pode criar uma expectativa positiva em relação aos seus serviços. Invista em sua marca pessoal e estabeleça uma reputação de excelência em sua área de atuação. Dessa forma, você pode atrair mais pacientes e aumentar sua autoridade no mercado.

- **Treine sua Equipe**

Um atendimento excepcional é um dos fatores mais importantes para manter a fidelidade dos pacientes e aumentar sua reputação no mercado. Por isso, é fundamental treinar sua equipe para oferecer um serviço de alta qualidade e que esteja alinhado com a imagem e valores que você transmite online.

Comece treinando sua secretária, que é o primeiro contato que o paciente tem com a clínica. Ensine-a a explicar o valor de sua consulta antes de falar sobre o preço. Isso ajuda a aumentar a percepção do paciente sobre o valor que você oferece e ajuda a criar uma imagem mais sólida de sua clínica.

Além disso, é importante que sua secretária esteja bem informada sobre os serviços e procedimentos oferecidos pela clínica, para poder responder a perguntas de forma clara e objetiva.

Também é importante treinar seus profissionais para que eles ofereçam um atendimento personalizado e atencioso aos pacientes.

Ensine-os a ouvir as necessidades e expectativas dos pacientes, a explicar os procedimentos de forma clara e a demonstrar empatia durante todo o processo.

Por fim, é importante monitorar regularmente a qualidade do atendimento oferecido pela equipe. Realize pesquisas de satisfação com os pacientes e utilize os feedbacks para aprimorar o atendimento e a experiência do paciente.

Com uma equipe bem treinada e motivada, você pode proporcionar um atendimento excepcional e aumentar sua autoridade e reputação no mercado.

Como saber se é hora de aumentar o valor da Consulta?

Se você se sente inseguro para aumentar o valor da sua consulta, entenda uma coisa. Eu sei que é difícil aumentar o preço da consulta e ainda avisar todos os pacientes. Mas, você irá chegar a um ponto de estagnação no seu faturamento, afinal de contas você tem um limite de atendimentos por dia.

Por isso, quero te mostrar alguns pontos para levar em consideração para saber se está no momento certo de aumentar o valor dos seus procedimentos ou consulta.

- **Relação oferta x procura**

Esse é um dos principais pontos que devem ser observados antes de aumentar o valor das suas consultas. Se você possui uma lista de espera partir de 3 meses, você pode pensar em testar o novo preço, sem perder pacientes.

- **Resultados positivos nas pesquisas de satisfação**

A pesquisa de satisfação é essencial para você medir diversos índices de desempenho em seu negócio, inclusive saber se seus pacientes enxergam valor agregado em seu trabalho. Esse poderá ser um bom ponto de partida para reavaliar seu preço.

- **Você Adquiriu autoridade no mercado**

Ter um relacionamento com seus pacientes, ser uma referência nas redes sociais é uma forma de adquirir autoridade no mercado. Um perfil bem posicionado e qualificado, tem mais chances de se destacar entre seus concorrentes.

Se você viver brigando por preço, eu te garanto que você nunca vai estar satisfeito.

Querer conquistar paciente disputando para ser o mais barato é uma opção que você pode escolher. Afinal, cada um pode fazer o que achar melhor!

Mas se quer um conselho essa corrida está mais próxima de *ficar correndo atras do próprio rabo* do que de chegar ao pódio.

Afinal, se você ganha por volume, dificilmente vai ter tempo e capital suficiente para investir em si mesmo. Será difícil proporcionar a melhor consulta possível, investir na sua clínica, na sua qualificação profissional e ser o melhor para seus pacientes.

Agora, se você quer ser escolhido por ser o melhor, preste atenção aqui.

Primeiro: você tem que ser o melhor. Simples assim.

Não estou falando de se achar, mas de saber que você, como profissional da saúde, vai mudar a vida daquele paciente.

Vai ser não só um profissional que passa um tratamento X, você irá ser o divisor de águas na vida daquele paciente. Mas isso eu sei que você já sabe...

A questão é que você precisa se DIFERENCIAR de tal forma que os seus pacientes não troquem a sua consulta por nada. Você não pode ser apenas mais um médico, dentista, psicólogo, nutricionista.

É necessário que você seja "O médico", "A dentista", "A psicóloga", "O nutricionista" na vida do paciente.

E isso inclui a parte humana da sua consulta. O profissional e a pessoa que você é, ninguém consegue igualar.

E vamos um pouco além: é preciso que você saiba COMUNICAR essa diferenciação. É necessário que as pessoas percebam, na sua imagem, dentro da clínica, nas suas consultas e nas redes sociais, o profissional que você é.

Assim, automaticamente saberão o seu VALOR e já estarão prontas e mais do que preparadas para pagar o preço que for.

Ah, e se o paciente não quiser, ou não puder pagar o preço, fique tranquilo. Ele só não é o paciente para você.

Quero te fazer uma pergunta: Quanto custa não fazer um procedimento com você?

Essa pergunta pode parecer estranha, mas é isso mesmo!

Será que o seu paciente entende o seu valor? Ele entende o que está agregado no seu serviço? Ela entende o que muda na vida dela ao fazer um procedimento com você?

Ele sabe o que acontece quando faz a escolha errada com o profissional errado?

Tempos atrás atendi um profissional da saúde que enfrentou esse problema. Ele atendeu uma paciente que se queixava do seu rosto não transmitir a imagem que ela gostaria e que desejava fazer um processo de harmonização.

Ela tinha a necessidade de passar mais autoridade, mas não possuía essas características necessárias em seu rosto. Ou seja, ela sabia o quanto isso custava pra ela. Os prejuízos que ela teria se não fizesse harmonização.

E também sabia que a Dra; que ela procurou era a pessoa certa para atende-la. Afinal, ela sabia da preocupação da Dra. em relação à imagem pessoal junto com a análise facial.

E isso acontece porque essa Dra. conseguiu agregar valor ao seu atendimento. Hoje os pacientes a procuram pela transformação que ela vem causando, pela confiança no seu trabalhado e na autenticidade dela.

O valor é conquistado com o tempo. Após conseguir essa autoridade, ninguém mais irá questionar o seu preço, pois enxergarão o seu valor.

Como Aumentar o Faturamento Do Seu Consultório

Muitas vezes, para aumentar o faturamento do seu consultório, não são necessárias grandes estratégias.

Um simples detalhe pode fazer toda a diferença para você ganhar mais. Aumente seu faturamento utilizando melhor sua hora clínica. Quando você sabe o custo da sua hora, é importante agregar valor a ela. Por exemplo: se o custo da sua hora é R$ 230,00, você sabe que ao não atender um cliente, estará devendo esses R$ 230,00.

Então é importante ter controle sobre sua agenda e fazê-la trabalhar a seu favor. Algumas estratégias podem ser feitas para que você diminua a ociosidade e até mesmo os reagendamentos. Vou mencionar aqui algumas estratégias:

Confirmação da Consulta: ela não pode ser uma confirmação, mas sim um lembrete.

é importante destacar que a confirmação da consulta pode ser interpretada pelo paciente como uma opção para cancelar ou remarcar a consulta, o que pode levar a perda de receita para o consultório.

Portanto, é mais indicado utilizar o lembrete, que serve como uma forma de lembrar o paciente do compromisso que ele já marcou e evitar a desistência.

Além disso, o lembrete também permite que o paciente tenha tempo suficiente para se programar e se preparar para a consulta, melhorando a qualidade do atendimento prestado.

Por isso, é importante que o consultório estabeleça um sistema de lembretes eficiente, que garanta que o paciente seja informado da consulta com antecedência e de forma clara, evitando assim possíveis faltas e atrasos.

Vou deixar aqui um modelo de mensagem eficiente de lembrete, que você pode utilizar no seu consultório.

"Olá, João. Tudo bem você? Aqui é a Patricia que falou contigo no dia que você agendou sua consulta.

Estou te mandando essa mensagem para lembrar que amanhã, você tem uma consulta marcada com a gente.

Devido à alta procura pela agenda do Dr. Ricardo, caso você precise desmarcar, uma outra vaga será disponibilizada apenas no próximo mês.

Posso confirmar sua consulta, para amanhã as 16h:30? Obrigada pela confirmação, eu e o Dr. Ricardo vamos estar te esperando amanhã às 16h30. Nós vamos ficar honrados em te conhecer!"

Valor de Pré-agendamento: A solicitação de um valor de pré-agendamento é uma medida que pode auxiliar na diminuição dos reagendamentos e cancelamentos de consultas.

Ao solicitar um valor de pré-agendamento, o paciente se compromete a comparecer à consulta e a pagar o valor adiantado, o que diminui as chances de cancelamentos e faltas.

Além disso, esse valor pode ser utilizado como uma forma de cobrir eventuais custos de reagendamentos ou faltas do paciente, o que garante uma proteção financeira para o consultório.

No entanto, é importante que esse valor seja estipulado de forma justa e razoável, de modo a não afastar os pacientes do consultório.

É importante destacar que essa medida não é obrigatória, mas pode ser uma alternativa interessante para consultórios que enfrentam problemas recorrentes de reagendamentos e faltas. Caso desejar implementar no seu consultório, procure um advogado para elaborar um bom contrato.

Lembrete 3x: O lembrete deve acontecer no mínimo 3 vezes antes da consulta, para que o paciente não esqueça do compromisso.

Para isso, é importante que o lembrete aconteça com antecedência e em múltiplas plataformas, como por exemplo, mensagem de texto, e-mail e/ou ligação telefônica.

Dessa forma, o paciente tem mais chances de lembrar do compromisso e se programar para comparecer à consulta.

Além disso, o lembrete deve ser claro e objetivo, informando o dia, horário e local da consulta, bem como o nome do profissional que irá atender o paciente.

É importante também considerar as preferências do paciente, ou seja, o canal de comunicação que ele mais utiliza para receber lembretes, para garantir que a mensagem seja recebida de forma eficaz.

Assim, a utilização de um sistema automatizado de lembretes pode ser uma solução eficiente para diminuir as faltas e atrasos nas consultas, melhorando a satisfação do paciente e o faturamento do consultório.

Consulta de Retorno: É importante que o prazo de validade do retorno seja definido pelo profissional de saúde, levando em consideração o tipo de tratamento e a evolução do paciente.

Esse prazo deve ser informado ao paciente com clareza, para que ele saiba quando precisa agendar a próxima consulta.

A secretária pode ser uma grande aliada nesse processo, informando o paciente sobre o prazo de validade do retorno e lembrando-o quando o prazo estiver chegando ao fim.

Além disso, é importante deixar claro para o paciente que a partir do próximo contato, ele precisará agendar uma nova consulta completa, e não um retorno. Dessa forma, o paciente compreende que a continuidade do tratamento depende de novas consultas, e não apenas de retornos, o que aumenta as chances de comparecimento às consultas e, consequentemente, o faturamento do consultório.

É importante ressaltar que o retorno deve ser utilizado apenas quando necessário e que o profissional de saúde deve avaliar a real necessidade de um novo agendamento, evitando assim que o paciente faça consultas desnecessárias e aumentando a eficiência do tratamento.

Vou deixar aqui um modelo de mensagem para encaminhar aos seus pacientes, deixando claro em relação ao prazo do retorno:

"Olá Maria, passando aqui para te lembrar que amanhã é seu retorno com o Dr. José Mario as 16 horas!"

Resposta da paciente: *"Não posso, estou viajando...."*

Resposta da secretária: *"Entendo, a senhora consultou dia 27/03, tem até dia 27/04 para realizar o seu retorno, após essa data não conseguirei reagendar mais como retorno, tudo bem pra você?"*

Através dessa mensagem, a comunicação fica clara e objetiva, assim não abre espaço para questionamento em relação ao retorno.

E Se Você Parasse De Faturar Hoje?

Se tem uma coisa que muitos profissionais da saúde deixam de lado, mas que possui extrema importância, é a reserva de emergência.

Nós sempre achamos que nunca vamos precisar, até a hora em que de fato precisamos! Se há algo que eu ensino e cobro de todos os meus clientes é a construção da reserva de emergência! Doutor, você pode ficar doente, e aí?

O seu produto é o seu conhecimento e seu tempo.

Eu recomendo que você tenha de 6 meses a 1 ano dos seus custos fixos em reserva, afinal, nunca se sabe quando você precisará se ausentar do trabalho. A reserva de emergência também é importante não só para momentos em que você tem que parar de trabalhar, mas também para outras emergências, como acidentes e afins.

Entenda: você é uma força de trabalho ativa. Você é o produto da sua empresa! Se você trabalha, tem renda! Se não puder trabalhar, não terá renda, e nesse cenário, como ficam suas finanças?

Temos o hábito de querer "ver para crer" e de pensar "se acontecer, eu vejo o que faço". É natural do brasileiro não pensar no amanhã. Agora reflita: será que os seus objetivos e a sua família merecem mesmo contar com a sorte?

Nosso corpo está sujeito a tudo!

É primordial que a sua vida financeira esteja blindada caso você fique inválido por alguns dias ou meses. Afinal, se tudo sair fora do controle, ter uma renda passiva entrando não traz tranquilidade até para trabalhar?

Como Minha Secretária Pode Me Ajudar

A secretária é uma peça fundamental para o sucesso do seu consultório ou clínica, pois ela é responsável pela comunicação com seus pacientes e gerenciamento financeiro.

No entanto, para que ela possa vender seus serviços, é necessário que você desenvolva estratégias que ela possa executar. Para ajudá-lo, separamos 3 ações importantes que podem ser delegadas para ela:

Reativação de pacientes: Peça para sua secretária entrar em contato com os pacientes que estão ausentes há mais de um mês.

Antes disso, busque entender o motivo pelo qual ele não retornou e, em seguida, mostre novidades que podem despertar o interesse dele, como um novo tratamento ou protocolo, além de oferecer um atendimento personalizado.

Pacientes com várias prescrições: Se você prescreveu diversos procedimentos a um paciente e ele realizou apenas um, é importante entrar em contato com ele para lembrá-lo da importância de seguir o tratamento completo. Mostre o benefício que o tratamento completo pode trazer para sua saúde.

Confirmação do agendamento: Ligar para validar o agendamento 2 horas antes da consulta ou do tratamento é uma excelente maneira de evitar faltas e desmarcações, que afetam diretamente sua receita.

Com esse controle, sua secretária poderá realizar ajustes na agenda com antecedência e manter um fluxo de atendimentos saudável.

É fundamental lembrar que a secretária não é apenas responsável por marcar consultas e procedimentos, mas também por gerenciar as finanças do consultório.

Treiná-la para fazer o controle das entradas e saídas do caixa é essencial para que você possa ter um controle real do seu faturamento. Ensine-a a negociar e a captar novos pacientes, tornando-a uma aliada na gestão do seu negócio.

Dessa forma, você poderá se concentrar em fornecer o melhor atendimento possível aos seus pacientes, enquanto sua secretária cuida de questões administrativas.

Scripts Prontos para Sua Secretária Usar

Para otimizar o trabalho da sua secretária, você pode usar alguns scripts de atendimento e vendas prontos, para que ela apenas replique quando realizar o contato com seus clientes.

Abaixo temos alguns exemplos:

Exemplo 1

Olá [Nome do Cliente]!

Aqui é a Naiara Secretaria da Dr(a) X.

Já tem mais de 6 meses que você realizou a última consulta com a Dra.

E ela gostaria de saber como você está?

(Esperar responder)

Vamos agendar uma nova consulta?

Exemplo 2

Cliente: *"O Dr. Atende pela Unimed?"*

Na Clínica Ama não atendemos convênios médicos, pois oferecemos um serviço médico especializado diferenciado.

Nós atendemos cada paciente de forma individualizada, analisando detalhadamente as necessidades e planejando um tratamento exclusivo e especial para cada paciente.

Nossa consulta tem o tempo médio de 1h e conta com um acompanhamento do Dr.

O valor do investimento é de R$ 650,00 e caso seu convênio trabalhe com reembolso, emitimos nota fiscal para que você dê entrada ao reembolso junto ao seu convênio médico.

Lembrando que os exames solicitados em consulta podem ser feitos pelo convênio, através do pedido médico.

Exemplo 3

Cliente: *"É do consultório da Dra. Ana? Qual o valor da consulta dela?"*

"Olá! Prazer! Qual o seu nome? (...) João, tudo bem? Que bom falar com você! Meu nome é ...., sou secretária do Dra. Ana.

Antes de informar o preço, preciso apenas entender o que você precisa para te ajudar com mais A Dra. Ana é formado há 15 anos, Sócia Proprietária da Clínica Saúde, foi professora de neurologia no Hospital Universitário da UFMS, é uma das coordenadoras do grupo médico Ancora, além disso é mestre em Ciências da saúde pela UFMS.

Nossa clínica é especializada em atendimentos em neurologia, com foco em dor de cabeça, AVC, Esquecimentos, Alzheimer e Parkinson. Nós atendemos cada paciente de forma individualizada, analisando detalhadamente as necessidades e planejando um tratamento exclusivo e especial para cada paciente.

Nossa consulta tem o tempo médio de 1h e conta com um acompanhamento do Dr. O valor do investimento é de R$ 650,00 Faz sentido para você todos os diferenciais do serviço que te falei e é esse tipo de atendimento que você busca?"

TEMPO É DINHEIRO: COMO ORGANIZAR UMA AGENDA

A agenda de um profissional da área da saúde pode ser bastante complexa, com horários apertados, pacientes de diferentes especialidades e emergências imprevistas. Para garantir uma organização eficaz, é importante seguir algumas dicas que podem ajudar a otimizar a agenda e tornar o dia a dia do médico, dentista, psicólogo, fonoaudiólogo mais produtivo.

Vou te apresentar algumas dicas sobre como organizar a agenda de um profissional da área da saúde.

· Utilize um software de gestão de consultórios

O primeiro passo para organizar a agenda de um profissional da área da saúde é contar com um software de gestão de consultórios. Ele permite agendar as consultas, controlar a disponibilidade dos profissionais, marcar exames e realizar outras tarefas necessárias para o bom funcionamento do consultório.

Além disso, o software também pode ajudar a gerenciar a ficha do paciente, as prescrições médicas e a agenda financeira do consultório.

· Defina horários específicos para cada tipo de consulta

É importante definir horários específicos para cada tipo de consulta, como consultas de rotina, consultas de retorno e procedimentos específicos. Isso permite otimizar a agenda, evitando atrasos e conflitos de horários.

· Deixe tempo livre na agenda

É importante deixar tempo livre na agenda para imprevistos, emergências ou situações que possam demandar mais tempo do que o previsto. Deixe um tempo entre uma consulta e outra para garantir que as consultas possam ser realizadas com tranquilidade, sem a necessidade de correria e estresse.

- Priorize os pacientes mais urgentes

Em caso de emergências, é importante priorizar os pacientes mais urgentes. Com isso, a agenda pode ser reorganizada para atender às necessidades mais críticas dos pacientes.

- Utilize lembretes automáticos para as consultas

Os lembretes automáticos para as consultas ajudam a evitar atrasos e faltas dos pacientes. Com o software de gestão de consultórios, é possível enviar lembretes por e-mail, SMS ou aplicativos de mensagens instantâneas para os pacientes.

- Faça uma gestão eficiente do tempo

A gestão eficiente do tempo é fundamental para organizar a agenda. É importante estabelecer horários fixos para atividades como reuniões, atualizações de prontuários, estudos e outras atividades que possam demandar tempo do profissional da saúde.

PRINCIPAIS OBJEÇÕES DOS PACIENTES E COMO CONTORNAR

As objeções nas vendas são uma parte comum do processo de vendas. Elas são as objeções ou dúvidas que os clientes apresentam durante o processo de compra, seja de um produto ou serviço.

Embora possam parecer um obstáculo no caminho da venda, elas são uma oportunidade para você, entender melhor as necessidades do cliente e oferecer uma solução que atenda às suas expectativas.

Veja abaixo algumas objeções mais comum de ocorrer dentro do seu consultório.

"Isso não é uma prioridade agora"

Opções de respostas: Sem problemas, só por curiosidade e se conseguíssemos te dar uma vantagem competitiva grande?

Se te ajudasse a obter maior previsibilidade de custos/ confiabilidade de entrega e de produto /menor volatilidade de custos / contratos mais justos, isso se tornaria uma prioridade?

O que está no seu topo da lista de prioridades que nós poderíamos te ajudar?

DICA: Mediante a essa objeção, e antes de qualquer pergunta, temos que analisar o cliente que estamos atendendo, percepções como irritação ou falta de paciência para responder, devem ser observadas e levadas em consideração, para que não haja uma discussão. Se o cliente se mostrar receptivo, tente entender o que é prioridade para ele e como tornar o que propomos prioridade para ele, assim você terá mais possibilidades de diálogo assertivo.

"Está Caro"

Opções de respostas: O que podemos fazer para te ajudar?

Parcelar em mais vezes facilitaria

Está caro em relação o que?

Dica: Tenha uma política comercial bem definida. Mapeie os concorrentes para entender o preço e características do produto que eles possuem.

"Será que consigo os mesmos resultados do cliente X?"

Opções de respostas: Sim, mas tudo vai depender da sua dedicação. Qual o seu nível de dedicação hoje de 1 a 10 para esse propósito?

Sim! Quanto você está disposto a investir em seu bem-estar, saúde e beleza?

Depende, cada cliente tem um perfil, e nem sempre o que foi aplicado no cliente X será o método mais adequado para você.

Sim, é possível ter resultados tão satisfatórios quanto o cliente X, vamos precisar fazer uma avaliação, pois cada cliente é um caso diferente.

DICA: É muito comum quando o cliente não percebe o verdadeiro valor do que está sendo oferecido a ele. Ou seja, ele não consegue enxergar o diferencial do produto e, inclusive, tem a falsa crença de que o que está sendo oferecido é algo substituível ou até mesmo dispensável. Nesse tipo de situação, o mais recomendado é trabalhar os benefícios do seu produto/serviço, deixando claro ao cliente quais são suas vantagens e diferenciais.

"Outra clínica tem o preço menor"

Opções de respostas: Entendo, Mas o que posso garantir é que o nosso preço é condizente com a entrega que nos propomos a fazer. Eu não tenho como abaixar o preço para ser igual ao de X. Mas tenho como garantir que a sua experiência conosco vai suprir e vai além das suas expectativas.

Mediante a esse preço, se te ofertar mais formas de parcelamento, ficaria melhor para você?

DICA: Nesse momento tente não se abalar com a fala do cliente, explique para ele o que a clínica tem de melhor para oferecer sem entrar no mérito ou desvalorizando a outra. Aqui a intenção é fazer com que o cliente se sinta tão seguro que, o que menos vai importar é o valor.

Todos os dias violados nossas próprias regras financeiras

CAPITULO 6
Seu Pagamento: Retirar ou não o Pró-labore?

Para médicos e profissionais da saúde, estipular um pró-labore é fundamental para garantir uma gestão financeira saudável do consultório.

Muitos profissionais cometem o erro de retirar o que sobra, sem levar em consideração seu padrão de vida e as finanças pessoais.

O pró-labore é o seu salário e deve ser calculado com estratégia, levando em conta suas necessidades e a realidade do negócio.

Não retirar um pró-labore adequado prejudica o crescimento do consultório, pois todo dinheiro que entra é gasto sem um planejamento adequado.

É importante entender que qualquer retirada para pagamento de despesas pessoais é considerada pró-labore, mesmo que você acabe burlando a organização financeira.

Retirar um pouquinho de dinheiro do caixa do consultório sempre que precisar pagar um boleto pessoal não é retirar pró-labore.

Além disso, retirar mais dinheiro do que o estipulado no pró-labore pode afetar a saúde financeira do consultório e impedir que sejam realizados investimentos importantes para o seu crescimento.

Ter clareza sobre o faturamento do consultório e o seu próprio salário é essencial para o sucesso financeiro do negócio. Sem um pró-labore definido, é impossível ter controle financeiro e planejar investimentos que possam alavancar o crescimento do consultório.

Um consultório lucrativo e em crescimento exige um controle financeiro eficiente, um planejamento adequado, investimentos estratégicos e um foco na qualidade do atendimento ao paciente. Lembre-se de que sem crescimento não há faturamento e que é essencial definir um pró-labore para garantir a saúde financeira do seu negócio.

As 3 Formas de Retirar seu Pró-Labore

Pró-labore baseado nos seus gastos mensais

Uma forma de definir o valor do seu pró-labore é avaliar seus gastos pessoais básicos e adicionar uma porcentagem para emergências.

Por exemplo, se suas despesas mensais são de R$ 10.000,00, adicione 10% para emergências, totalizando R$ 11.000,00 como seu pró-labore.

É importante lembrar que o pró-labore é o seu salário e deve ser separado do lucro do consultório.

Pró-labore baseado na análise de mercado

Outra forma de definir o valor do pró-labore é através da análise do mercado, avaliando quanto um profissional com sua especialidade ganha atualmente.

Faça uma equivalência dessa remuneração para definir o seu pró-labore. Caso encontre valores variados, faça uma média para ter uma ideia mais precisa.

Pró-labore baseado na análise de atividades

Uma terceira forma de definir o valor do seu pró-labore é através da análise das atividades que você executa no consultório, levando em consideração o tempo gasto, a complexidade e o investimento em conhecimento que você fez.

Aqui, você pode calcular o valor da sua hora clínica para ajudar a definir o pró-labore. Lembre-se de que o valor do pró-labore não é permanente e pode ser ajustado à medida que o consultório cresce.

Independentemente da forma que você escolher para definir o valor do seu pró-labore, é importante que ele esteja coerente com a atual situação financeira do consultório.

É necessário separar as finanças pessoais das finanças do consultório e definir um valor justo para seu salário. Com um pró-labore bem definido, você terá mais clareza nos números do seu consultório, possibilitando a realização de investimentos importantes para o crescimento do seu negócio.

ATENÇÃO: RETIRAR O VALOR QUE VOCÊ QUISER DO CAIXA DO SEU CONSULTÓRIO VAI TE IMPEDIR DE CRESCER!

Sem Retirar um pouquinho de dinheiro sempre que precisar do caixa do seu consultório não é a mesma coisa que retirar pró-labore!

Analise comigo: se toda vez que você precisar pagar um boleto, sair ou quiser comprar algo para você, você transferir o valor da sua conta PJ para a PF, vai te dar a falsa sensação de que não está gastando o dinheiro da empresa, MAS VOCÊ ESTÁ!

Sua retirada mensal precisa ser calculada com estratégia, avaliando suas necessidades e, principalmente, avaliando a realidade do seu consultório.

Se seu pró-labore não está cobrindo seus gastos, é hora de revê-lo e não retirar aquele pouquinho do caixa sempre que precisar.

Seu Ponto de Equilíbrio

O ponto de equilíbrio é um indicador muito importante para avaliar a saúde financeira do seu consultório ou clínica. Ele ajuda a entender qual a quantidade ou volume mínimo de faturamento que o consultório precisa ter para não ficar no prejuízo.

Muitas pessoas conhecem esse conceito também como ponto zero, pois é o estágio da empresa em que ela conseguiu vender o suficiente para bancar todos os custos fixos e variáveis, mas ainda não está gerando lucros.

O ponto de equilíbrio é um indicador que mostra o quanto o profissional da saúde precisa vender de produtos ou serviços para que a receita seja suficiente para pagar todos os custos e despesas fixas e variáveis.

Esse indicador é importante para entender se o seu consultório está operando de forma segura, mas ainda não indica que o negócio está gerando lucros.

Ou seja, é o ponto em que o consultório só está gerando receita suficiente para pagar todas as suas contas, mas ainda não está resultando em lucros para o profissional da saúde.

O ponto de equilíbrio é uma ferramenta de gestão financeira utilizada para identificar qual deve ser o volume mínimo de faturamento para não operar no vermelho.

Assim como a margem de contribuição, esse indicador é simples e fácil de calcular, mas também é fundamental para entender quais as necessidades do empreendimento para conseguir gerar mais lucros e alavancar o seu negócio. É importante lembrar que o ponto de equilíbrio é uma meta a ser alcançada, e uma vez alcançada, é preciso continuar buscando novas estratégias para aumentar os lucros do consultório.

Para chegar ao ponto de equilíbrio você precisa dominar alguns pontos. São eles:

Custos Fixos: Os custos fixos são gastos que independem do volume de pacientes ou procedimentos realizados no consultório, ou seja, são despesas que existem mesmo quando não há movimento no negócio.

Esses custos estão relacionados com a manutenção e operação do consultório, que precisam ser pagos regularmente para manter o espaço em funcionamento.

Dentre os principais custos fixos de um consultório médico, podemos destacar:

Aluguel ou financiamento do espaço: é o valor pago pelo uso do espaço onde o consultório está instalado, seja por aluguel ou por financiamento imobiliário. É uma despesa fixa e recorrente que deve ser prevista no planejamento financeiro.

Contas de luz, água, telefone e internet: são serviços essenciais para o funcionamento do consultório e precisam ser pagos independentemente do número de pacientes atendidos.

Salários e encargos trabalhistas: é importante lembrar que, mesmo que o médico seja o único profissional do consultório, ele deve considerar o próprio salário como um custo fixo. Além disso, se houver funcionários contratados, é preciso incluir os salários e encargos trabalhistas, como INSS, FGTS e férias.

Manutenção e reparos: mesmo que o consultório esteja em boas condições, é preciso fazer manutenção regularmente para evitar problemas futuros. Essas despesas também são consideradas custos fixos.

Seguros: seguro do consultório, seguro de responsabilidade civil e seguro de vida são despesas que devem ser pagas periodicamente para garantir a segurança do negócio e do profissional.

Serviços de limpeza e segurança: mesmo que o próprio médico cuide da limpeza do consultório, é importante considerar os custos com produtos de limpeza e equipamentos de segurança, como câmeras e alarmes, como custos fixos.

Gerenciar os custos fixos é fundamental para garantir a saúde financeira do consultório e manter as finanças equilibradas. O controle desses gastos deve ser feito com atenção e precisão, de forma que o empreendedor possa calcular o ponto de equilíbrio e definir estratégias para reduzir custos e aumentar a lucratividade do negócio.

Custos Variáveis: Custos variáveis são aqueles que estão diretamente relacionados à quantidade de pacientes atendidos ou procedimentos realizados em um determinado período.

Ou seja, eles variam conforme a demanda do consultório ou clínica.

Alguns exemplos de custos variáveis são: material de consumo, como luvas, seringas, algodão, gases medicinais; despesas com exames complementares e testes laboratoriais, como radiografias, tomografias, exames de sangue; remuneração de profissionais contratados para atender a demanda específica do momento, como enfermeiros e técnicos de enfermagem; comissões pagas a representantes comerciais para venda de produtos ou equipamentos médicos; e impostos que variam conforme o faturamento do período, como o Imposto de Renda e o ICMS.

É importante lembrar que os custos variáveis são diretamente proporcionais ao volume de pacientes e procedimentos realizados no consultório.

Portanto, é fundamental que os profissionais da saúde tenham um controle rigoroso desses custos, para que possam precificar seus serviços adequadamente e garantir a lucratividade do negócio.

Além disso, é preciso ter em mente que o aumento do volume de atendimentos não deve ser acompanhado necessariamente pelo aumento proporcional dos custos variáveis, pois isso pode comprometer a rentabilidade do consultório ou clínica.

Para calcular o **ponto de equilíbrio (PE)**, é possível seguir a seguinte fórmula substituindo pelos valores correspondentes:

PE = (custos fixos / (receita - custos variáveis))

O resultado da fórmula indica qual é o valor mínimo de receita que o consultório precisa obter para cobrir todos os seus custos e despesas, sem gerar lucro nem prejuízo.

É importante lembrar que o ponto de equilíbrio é uma medida momentânea, que pode variar de acordo com o aumento ou diminuição dos custos fixos e variáveis, além da variação da receita.

Por isso, é fundamental que o profissional da saúde esteja sempre atento aos custos do consultório e busque formas de reduzi-los e aumentar a receita, a fim de melhorar a rentabilidade do negócio e alcançar os objetivos financeiros desejados.

Além disso, é importante lembrar que o ponto de equilíbrio é apenas um indicador financeiro, e que outros fatores como a qualidade dos serviços prestados, o atendimento ao paciente e a gestão do consultório também são fundamentais para o sucesso do empreendimento.

Interpretando o resultado do cálculo

Na lógica do ponto de equilíbrio, quanto menor o resultado, menos arriscada é a situação financeira do consultório.

Além disso, um resultado baixo significa que o consultório tem uma proporção alta de custos variáveis em relação à receita, o que é positivo para a sua competitividade e rentabilidade.

Agora, vamos a um exemplo prático para entender o cálculo do ponto de equilíbrio.

Imagine um consultório especialista em neurologia que cobra R$ 500 por consulta. Os custos e despesas fixas desse consultório totalizam R$ 35 mil por mês, enquanto os custos e despesas variáveis (incluindo produtos de limpeza e impostos) somam R$ 8.500,00.

Para calcular o ponto de equilíbrio, podemos usar a seguinte fórmula:

PE = (Custo Fixo / (Receita - Custo Variável)) x 100

Substituindo pelos valores do exemplo, temos:

PE = 35.000 / (50.000 - 8.500) x 100

PE = 35.000 / 41.500 x 100

PE = 0,84 x 100

PE = 84%

Isso significa que o consultório precisa faturar 84% da sua receita para atingir o ponto de equilíbrio e cobrir seus custos, sem gerar lucro nem prejuízo. Ou seja, ele precisa faturar R$ 42.000,00 por mês para alcançar o ponto de equilíbrio.

Agora que você entendeu como calcular o ponto de equilíbrio, vamos ver como determinar a margem de contribuição.

Margem De Contribuição

A margem de contribuição é o quanto vai 'sobrar' do seu preço de venda após a subtração dos custos e despesas variáveis. Esse valor será o lucro bruto da venda e deve ser usado para quitar os custos e as despesas fixas.

A fórmula da margem de contribuição é: margem de contribuição unitária = preço de venda de um produto − (custos variáveis + despesas variáveis envolvidas na venda).

Vou continuar explicando com base nos dados do exemplo anterior. Se você atende pacientes em um consultório e seus custos fixos são de R$ 35.000,00 (por exemplo, aluguel, secretária, luz, produtos de limpeza, sistema e seu pró-labore), então, se no último mês você faturou R$ 50.000,00, podemos descobrir quantos pacientes você atendeu no mês.

Fazendo a conta, R$ 50.000,00 (faturamento)/R$ 500,00 (valor da consulta), concluímos que você atendeu 100 pacientes no mês passado.

O valor do custo variável para cada paciente é R$ 8.500,00/100 pacientes= R$ 85,00 (impostos, luvas, algodão, papel, receituário, papel A4 e impressora). E sua consulta custa R$ 500,00. Nesse caso, sua margem de contribuição é R$ 500,00- R$ 85,00 = R$ 415,00. Logo, concluímos que R$ 415,00/R$ 500,00 x 100 - 100 = 15% é o custo variável do consultório.

Com esses dados, também conseguimos chegar à quantidade de pacientes que é necessário atender no mês para pagar os custos do consultório. R$ 35.000,00 (custos fixos)/R$ 415,00 (valor da margem de contribuição)= 84 pacientes são necessários para pagar suas despesas fixas.

Ticket Médio

Outro indicador muito importante ao qual os profissionais de saúde precisam ficar atentos e analisar é o ticket médio dos procedimentos e tratamentos. Mas o que é isso? É um indicador de desempenho do seu consultório e é a base para diversas decisões e estratégias.

O ticket médio é calculado dividindo o faturamento total pelo número de pacientes atendidos. Por exemplo, suponha que você tenha atendido 100 pacientes neste mês e que seu faturamento foi de R$ 50.000,00. Então, o seu ticket médio será de R$ 500,00.

Esse valor vai ajudá-lo a avaliar se sua precificação está correta ou se precisa de ajuste. Além disso, ajudará a calcular a margem de lucro, a prever seus investimentos e a criar estratégias para aumentar seus preços.

Vamos continuar com o exemplo acima. Se a consulta custa R$ 500,00, o faturamento foi R$ 50.000,00 e o custo fixo foi de R$ 35.000,00, então o custo variável foi de R$ 8.500,00. Assim, tivemos um lucro de R$ 6.500,00.

Sabemos que o faturamento foi de R$ 50.000,00 e as despesas fixas foram de R$ 35.000,00. Conseguimos identificar que o custo fixo representou 70% do faturamento, e a lucratividade foi de 13% sobre o faturamento.

Todas as vezes que você pega dinheiro do caixa do seu consultório sem planejamento, você está assaltando ele!

CAPITULO 7
Parcerias E Sua Remuneração

Quando se trata de parcerias, é importante estabelecer um acordo justo e transparente entre as partes envolvidas.

A remuneração é um elemento crucial nesse processo, pois afeta diretamente a motivação e o engajamento dos parceiros. Existem diferentes formas de remunerar os parceiros, cada uma com suas vantagens e desvantagens.

A remuneração fixa é uma opção bastante simples e direta. Nesse modelo, o parceiro recebe um valor pré-determinado por um período de tempo ou por uma atividade específica.

Por exemplo, um médico que faz plantões pode receber uma remuneração fixa por hora trabalhada. Essa modalidade é fácil de calcular e prever, o que facilita o planejamento financeiro. Porém, ela não leva em conta a produtividade ou o desempenho do parceiro.

Já a remuneração variável é baseada no desempenho do parceiro, geralmente em relação à produtividade. Nesse modelo, o parceiro recebe uma porcentagem do valor gerado por sua atividade, descontados os custos dos insumos utilizados. Essa abordagem é mais justa e incentiva o parceiro a buscar melhores resultados.

No entanto, pode ser mais difícil de calcular e controlar.

Por fim, a remuneração mista combina elementos da remuneração fixa e variável. Nesse modelo, o parceiro recebe uma quantia fixa mais uma porcentagem da produtividade.

Essa opção busca conciliar os benefícios das duas modalidades, incentivando o parceiro a produzir mais sem abrir mão da previsibilidade financeira.

Além dessas formas de remuneração, é importante considerar outros aspectos relevantes em uma parceria, como o tipo de contrato, o prazo de vigência, as responsabilidades de cada parte e as formas de resolução de conflitos. É recomendável buscar orientação jurídica para elaborar um acordo sólido e adequado às necessidades de todos os envolvidos.

Tipos de Parceria

Ao formar uma parceria com um **profissional da mesma especialidade**, é importante definir uma estratégia de remuneração que seja justa e equilibrada para ambas as partes. Existem algumas opções que podem ser consideradas nesse processo.

Uma das opções é a remuneração apenas fixa, onde o parceiro irá pagar uma sublocação para a utilização do espaço na clínica. Nesse caso, o valor do aluguel é previamente acordado e não está diretamente relacionado ao desempenho do parceiro.

Outra opção é a remuneração apenas variável, onde a clínica recebe uma porcentagem do procedimento realizado pelo parceiro. Existem duas formas principais de aplicar essa modalidade. A primeira é quando o médico parceiro recebe todo o valor gerado pelo procedimento e repassa uma porcentagem para a clínica, geralmente em torno de 25%.

Isso ocorre porque as despesas fixas da clínica geralmente giram em torno de 15% sobre o valor do procedimento, enquanto os insumos representam cerca de 30% do valor total. A segunda forma é quando o paciente é da clínica e a clínica repassa uma porcentagem líquida para o profissional, geralmente em torno de 30% após descontar os materiais.

A terceira opção é a remuneração mista, que combina elementos da remuneração fixa e variável. Nesse modelo, o parceiro paga uma parte fixa de remuneração, como se fosse um condomínio, e uma taxa de administração para a clínica em torno de 15%, como se fosse a responsabilidade da gestão dos pacientes.

Essa opção busca conciliar os benefícios das duas modalidades, oferecendo uma previsibilidade financeira ao mesmo tempo em que incentiva o parceiro a produzir mais.

Independentemente da opção escolhida, é importante que o acordo seja formalizado por meio de um contrato bem elaborado e claro, que defina todos os aspectos relevantes da parceria, incluindo a forma de remuneração, as responsabilidades de cada parte e os prazos envolvidos.

Quando se trata de uma **parceria com um profissional de outra especialidade** que possui núcleos dentro da clínica, é comum que haja uma esteira de produtos, ou seja, uma oferta de serviços complementares aos que já são oferecidos pela clínica. Nesse caso, a remuneração pode ser dividida de acordo com o modelo escolhido.

Uma opção é a remuneração apenas fixa, onde o parceiro irá pagar uma sublocação para o uso do espaço na clínica. Esse modelo é semelhante ao descrito anteriormente para parceiros da mesma especialidade.

Outra opção é a remuneração variável, onde a clínica recebe uma porcentagem dos procedimentos realizados pelo parceiro. Nesse caso, a divisão da receita pode ser feita de forma equitativa, com 50% destinados ao núcleo do parceiro e 50% para a clínica, em cima dos procedimentos que a clínica executa e não o profissional do núcleo. Além disso, no caso das consultas clínicas, o profissional do núcleo pode ser remunerado com 60% do lucro gerado.

Independentemente do modelo escolhido, é importante que o acordo seja formalizado por meio de um contrato bem elaborado e claro, que defina todos os aspectos relevantes da parceria, incluindo a forma de remuneração, as responsabilidades de cada parte e os prazos envolvidos. Além disso, é fundamental que a parceria seja construída em uma base sólida de confiança e transparência, buscando sempre maximizar os resultados para ambas as partes.

Convênios: Vale A Pena Trabalhar Com Eles?

Esse é um assunto bem polêmico e que para muitos é uma dor de cabeça! Não vou me estender muito, mas a resposta é: raramente vale a pena. Essa é a realidade! Quando você mensurar todos os seus gastos e entender como calcular a hora clínica, provavelmente a conta não fechará. Além disso, sobre o faturamento incide o imposto de renda.

Recentemente, fui a um médico que atende por convênio. Chegando na clínica, perguntei à secretária quantas pessoas tinham na minha frente, visto que os atendimentos eram em ordem de chegada.

Ela informou que havia seis pessoas na minha frente. Logo, imaginei que demoraria, no mínimo, trinta minutos por consulta. Mas, na dúvida, perguntei à secretária: *"Moça, qual é o tempo da consulta do Dr.? 30 minutos ou 1 hora?"*.

Ela respondeu: *"Menos de 15 minutos"*.

Sentei na recepção e comecei a observar. O tempo médio de cada consulta era de 7 minutos, isso mesmo, 7 minutos!

Em 42 minutos, fui atendida. Perguntei à secretária se normalmente era esse o tempo do Dr. Ela respondeu: *"Sim"*.

Imediatamente, fiz o cálculo: Atendendo 7 pessoas por hora, no valor médio de R$ 50,00, que recebe do convênio, o médico ganharia R$ 350,00 por hora. Ou seja, precisaria atender 7 pessoas para ter o valor de uma consulta da maioria dos profissionais.

Ao ser atendida, percebi o cansaço, falta de diálogo, atendimento frio e imparcial. E entendo que, para atender em 7 minutos, realmente é necessário ter essas características. Te pergunto: até quando é saudável trabalhar dessa forma?

Mas ouço muito a frase: *"Patricia, mas eu preciso do convênio!"*.

Posso te confirmar que você não precisa.

Precisamos, sim, focar em fazer um serviço de qualidade, realizar um bom atendimento e conversar com nossos pacientes. Trabalhar com convênios precisa ser feito com muitos cálculos.

Uma parceria bem sucedida requer uma visão compartilhada, metas claras e objetivos realistas

CAPITULO 8
Negociações No Mundo Médico

Negociar com pacientes pode ser um desafio, especialmente quando se trata de finanças. Como médico, é importante lembrar que você é a autoridade na situação, e que é seu dever liderar a negociação. Ao invés de deixar o paciente ditar as condições, você deve ter uma postura proativa e tomar as rédeas da situação.

Um aspecto crucial para liderar a negociação é conhecer bem seus custos e sua margem de lucro. Ao entender esses fatores, você estará melhor preparado para estabelecer preços justos e sustentáveis para seus serviços. Além disso, ter esse conhecimento também te ajudará a definir seus limites e até onde pode ir durante as negociações.

É importante ressaltar que liderar não significa ser inflexível. Na verdade, flexibilidade é uma habilidade importante durante a negociação. Se o paciente apresentar uma contraproposta, ou se precisar de um prazo maior para pagamento, é importante estar aberto a discutir e encontrar um acordo que seja justo para ambas as partes. No entanto, é fundamental que você mantenha o controle e que saiba até onde pode ir.

Outra dica importante é se preparar para a negociação. Antes de começar a conversa, tenha em mente quais são suas metas e quais são os pontos que você está disposto a negociar. Se possível, treine a apresentação dos seus argumentos e esteja preparado para responder a possíveis objeções.

Lembre-se sempre que, como médico, você oferece um serviço valioso e que seu trabalho deve ser remunerado de forma justa. Ao liderar a negociação, você estará defendendo seus interesses e garantindo que sua prática seja sustentável a longo prazo.

Formas Gentis de Dizer: "Eu Não Trabalho de Graça"

Todo mundo tem aquele conhecido que sempre quer que a gente de uma "olhadinha" naquele problema "simples" de resolver, que seria só "alguns minutinhos"

Você sabe que aquela "Olhadinha" tem um custo, mas muitas vezes, ficamos sem graça de cobrar, por ser alguma pessoa próxima ou até um familiar.

Pensando nisso, para te ajudar, essas são 3 formas sutil de dizer que você não trabalha de graça:

1 - *"Claro, vamos fazer sim, vou pedir para minha secretária entrar em contato com você"* - você, talvez fique sem graça de cobrar, mas a sua secretária com certeza não ficará, afinal, ela não é paga para ser a "boazinha".

2 - *"Posso te ajudar sim, consigo fazer uma ótima forma de pagamento para você"* - você irá ajudar a pessoa, tem até ótimas formas de pagamento, não é mesmo?

3 - *"Conheço bem esse tipo de problema, eu tenho até uma tabela com os valores fixos, posso te enviar?"* - você se predispôs a ajudar, desde que paguem!

Devo Abrir um Consultório ou Clinica?

Antes de decidir entre abrir um consultório ou uma clínica odontológica, é fundamental fazer uma análise cuidadosa e detalhada para entender onde estão as melhores oportunidades para você e seu negócio.

No setor da saúde, muitos profissionais acreditam que basta abrir uma clínica ou um consultório, formar uma carteira de pacientes e oferecer um bom atendimento para garantir o sucesso do negócio. Entretanto, isso não é verdade.

A falta de planejamento e gestão são as principais razões pelas quais muitos negócios não conseguem prosperar. Por isso, é importante estruturar a gestão e a parte operacional do seu projeto desde o início.

Embora muitos profissionais prefiram trabalhar em consultórios já estabelecidos para ganhar experiência, o sonho de ter um negócio próprio continua a ser uma meta.

No entanto, escolher o caminho certo pode ser um desafio, dada a ampla variedade de opções disponíveis no mercado.

Para ajudar você a tomar uma decisão mais informada, apresentamos algumas dicas sobre os custos médios para cada modelo de negócio: consultório ou clínica odontológica.

As clínicas são mais abrangentes e exigem uma infraestrutura maior. Elas oferecem a possibilidade de realizar exames e cirurgias, além de contar com espaços para UTI, CTI, leitos e uma vasta equipe de profissionais atendendo.

Já os consultórios são destinados à realização de consultas, onde o paciente é examinado, seus sintomas são analisados, exames complementares são solicitados e o diagnóstico é emitido.

Para montar um consultório, é necessário investir em infraestrutura, como aluguel de sala, reforma do espaço, contratação de uma secretária, aquisição de equipamentos, contratação de software para agendamento de consultas, reserva de espaço para esterilização e material contaminado, e busca por bons parceiros e fornecedores.

De acordo com as orientações do Sebrae, o primeiro passo para montar um negócio é calcular o investimento inicial. A partir daí, é preciso calcular o Capital de Giro, que é o montante necessário em caixa para honrar os pagamentos futuros, como aluguel, fornecedores, impostos, entre outros. Para montar um consultório pequeno, o investimento inicial pode ser de aproximadamente R$ 250 mil.

Se você pretende trabalhar sem sócios ou parceiros, é importante lembrar que terá outras tarefas além de atender pacientes. Será preciso entender um pouco de todo o universo que envolve seu negócio, incluindo a captação de clientes, administração e recursos humanos. O Sebrae também orienta que é necessário estar em constante aperfeiçoamento, tanto na parte técnica quanto na parte gerencial, participar de eventos do setor, conhecer bem o perfil dos pacientes, aprimorar constantemente o atendimento e capacitar seus funcionários.

Por fim, a melhor decisão deve ser sempre baseada em números e projeções. É preciso pensar, analisar e escolher o caminho certo para o seu negócio.

Quando Oferecer Parcelamento?

Se você oferece procedimentos adicionais no seu consultório, é importante considerar a opção de parcelamento como forma de tornar seus serviços mais acessíveis para um público maior. Afinal, muitas pessoas podem não ter condições de pagar pelo tratamento à vista, mas podem se interessar pela possibilidade de dividir o valor em parcelas mensais.

No entanto, antes de oferecer o parcelamento, é essencial fazer uma análise cuidadosa das taxas cobradas pela maquininha de cartão. Certifique-se de escolher uma opção que ofereça taxas razoáveis e que o custo do parcelamento esteja diluído no preço do procedimento, de forma que seu consultório possa continuar sendo lucrativo.

Lembre-se também de que oferecer um bom atendimento e se manter atualizado em relação aos procedimentos e técnicas disponíveis é fundamental para garantir a satisfação dos seus pacientes e o sucesso do seu negócio. Considere investir em cursos e capacitações para você e sua equipe, participar de eventos do setor e conhecer bem o perfil dos seus pacientes.

Cobrar Antecipado ou Não?

A cobrança pode gerar muitas dúvidas para os empreendedores da saúde. É importante lembrar que quando um paciente falta, você perde a oportunidade de atender outra pessoa e acaba deixando de receber por aquele horário vago. Por isso, é cada vez mais comum cobrar antecipadamente, o que ajuda a reduzir as desistências de última hora e garante que você não deixe de receber pelo seu serviço.

Além de cobrar antecipadamente, é importante ter uma política de cancelamento clara, explicando ao paciente o que acontece em caso de cancelamento ou imprevistos no dia. É recomendável que essa política seja documentada por escrito e informada ao paciente no momento do agendamento.

No entanto, lembre-se de que a cobrança antecipada não dispensa o envio de lembretes de consulta. Isso ajuda a diminuir as faltas por esquecimento e demonstra atenção e cuidado com o paciente. Não se esqueça de enviar um lembrete no dia anterior à consulta, por exemplo.

A negociação é uma dança delicada entre assertividade e a empatia, ganha quem conseguir conduzir até o final da música.

CAPITULO 9
O Método Mais Simples de Organização Financeira
(Mesmo que você não tenha tempo)

Como está a organização financeira do seu consultório? Muitos profissionais da saúde negligenciam essa área, sem perceber sua importância para o sucesso do negócio.

O tempo corrido pode fazer com que a gestão financeira seja deixada de lado, levando a problemas como agenda lotada, preços baixos, dependência do consultório, queda no faturamento e falta de reserva financeira.

Se você não tem tempo para cuidar da gestão financeira, minha sugestão é que você delegue ou terceirize algumas atividades, como registrar a movimentação do dia, conciliar as movimentações e atualizar os saldos dos recebíveis e verificar e cobrar a inadimplência diariamente.

Dessa forma, você precisará de poucas horas no mês para cuidar das finanças da clínica. É interessante reservar 15 minutos antes de sair do consultório para verificar o saldo em conta e o total de contas a pagar no próximo dia.

Além disso, é importante realizar uma reunião mensal para planejar as contas a pagar e receber e estratégias para captar mais clientes. Isso ajudará a evitar a sensação de que o dinheiro se perdeu dentro do consultório.

Atender pacientes sem um controle financeiro padronizado é como nadar, nadar e, no fim, morrer na praia. Não negligencie a gestão financeira do seu consultório e mantenha-se organizado para garantir o sucesso do seu negócio.

"Tá bom Patricia! Mas como saber o caminho que o dinheiro vai percorrer depois que está aqui dentro pra não passar por isso?"

Crie rotinas financeiras diárias e mensais, como:

- Planejamento do seu orçamento
- Controle do contas a pagar e a receber
- Acompanhamento do caixa e sua conciliação
- Gerenciamento do contas a pagar
- Organização dos recebimentos

Reflita um pouco: Como está a rota do dinheiro aí no seu consultório?

Ciclo da Falência Clínica

O ciclo de falência clínica começa no momento em que o profissional da saúde apresenta o seu serviço ao paciente. Muitas vezes, o medo da recusa do paciente leva o profissional a reduzir o preço dos serviços e oferecer descontos. Isso pode gerar um impacto negativo no financeiro da clínica e iniciar um ciclo de prejuízos.

Por exemplo, ao reduzir o preço dos serviços, a clínica pode atrair pacientes que estão em busca apenas de valores mais baixos, mas que não são fiéis ou não têm capacidade financeira para pagar pelo serviço completo. Além disso, o baixo preço pode dar uma imagem de baixa qualidade dos serviços prestados pela clínica.

Com isso, a clínica pode perder a oportunidade de atender pacientes que valorizam a qualidade dos serviços e estão dispostos a pagar por eles. O resultado é que a clínica terá menos pacientes, menor faturamento e, possivelmente, não conseguirá cobrir seus custos fixos e variáveis.

Portanto, é importante que o profissional da saúde seja confiante em relação ao valor do seu serviço e saiba como apresentá-lo de forma clara e objetiva para o paciente. Além disso, é fundamental ter um planejamento financeiro bem estruturado para evitar o ciclo de falência clínica.

Primeiro você fica com medo de vender e começa a dar desconto ou baixa muito o seu preço, isso fará seu lucro diminuir cada vez mais.

Pra compensar, você decide aumentar o volume de pacientes, isso vai demandar um aumento da sua estrutura, da sua equipe e também do seu estoque.

Suas despesas aumentam cada vez mais, comprometendo totalmente o seu financeiro, aqui você não pode mais perder NENHUMA venda.

Pra não perder a venda, se vê obrigado a dar mais descontos, até o momento que a conta não vai mais fechar e será obrigado a fechar as portas.

Como sair desse ciclo? A sua segurança vem através de uma precificação correta. O simples fato de você definir corretamente o seu preço e não ceder descontos constantemente pode livrar você e sua clínica de muitos problemas.

Metas Financeiras

Metas financeiras são objetivos específicos relacionados às finanças pessoais ou empresariais que alguém ou uma organização estabelece para si mesma. Elas ajudam a definir o que é importante em termos financeiros e a orientar as decisões financeiras.

Algumas exemplos de metas financeiras que você pode estabelecer no seu consultório:

- Economizar uma certa quantia para uma viagem ou uma compra importante de equipamento;
- Pagar todas as dívidas em um prazo definido
- Construir um fundo de emergência para cobrir despesas inesperadas;
- Construir uma reserva para pagamento do 13º e férias dos seus funcionários;
- Investir em um plano de previdência privada para aposentadoria;
- Aumentar a receita em uma porcentagem específica;
- Reduzir os custos em uma porcentagem específica;
- Aumentar o lucro em um valor específico;
- Expandir a clínica para novos mercados ou segmentos de clientes;

As metas financeiras devem ser específicas, mensuráveis, alcançáveis, relevantes e com um prazo definido (SMART). Isso ajuda a manter o foco e a motivação para alcançar esses objetivos financeiros.

Quer aprender a enxergar os números que vão te levar até a sua meta de faturamento? Será 100% prático.

O problema é que muitos profissionais da saúde estipulam um valor de faturamento na mente, mas não fazem nada para alcançá-lo. Só existe um cálculo que pode te guiar até o resultado dos seus sonhos.

Primeiro, você precisa definir a sua META DE FATURAMENTO, que é o seu objetivo financeiro. Quanto você quer faturar no próximo mês? R$_____

Em seguida, você precisa identificar o seu TICKET MÉDIO. Mas o que é ticket médio? É a média que cada paciente gasta na sua clínica. Por exemplo, se seu faturamento atual é de R$ 25.000,00 e você teve 20 novos pacientes neste mês, então temos: R$ 25.000,00 dividido por 20 pacientes = R$ 1.250,00.

E como definir o número de fechamentos? A partir da sua meta de faturamento dos sonhos, que você definiu anteriormente, é que você irá chegar aos números que vão te levar até o seu objetivo.

A fórmula que você irá usar é:

Meta de faturamento / pelo ticket médio = quantidade de pacientes.

Um dado importante é que a média de contatos e avaliações efetivas no Brasil é de 50%. Isso significa que, se você descobrir que sua meta de pacientes é de 50 novos pacientes, você precisará entrar em contato com 100 pessoas para conseguir fechar 50 pacientes.

Vou te dar um exemplo:

Meta de faturamento: R$ 30.000,00.

Ticket médio: R$ 1.250,00.

Para ter 24 pacientes (24 pacientes que gastam, em média, R$ 1.250,00), você precisará entrar em contato e oferecer seus procedimentos ou serviços para, no mínimo, 50 pessoas.

Agora, transforme esses números em metas diárias e tenha o controle da sua clínica em suas mãos. Assim, você poderá faturar 3x mais.

Você faz de Tudo e não Sobra Dinheiro?

Eu vou te explicar e te mostrar a resposta do porquê isso acontece:

Existe 3 competências e 6 conhecimentos que todo consultório ou clinica precisa ter bem estruturado:

VENDER
Marketing
Vendas

FAZER
Produtividade
Pessoas

DECIDIR
Finanças
Estratégia

Sem todos esses critérios estruturados, seu consultório ou clinica não cresce como deveria.

E não é uma coisa ou outra, e nem mesmo 2 das 3 competências.

Você precisa das 3 competências.

É como um tripé, sem uma das pernas o seu negócio não para de pé.

Se você tiver 2 dessas competências (o que já é melhor que a média) você fica dessa forma.

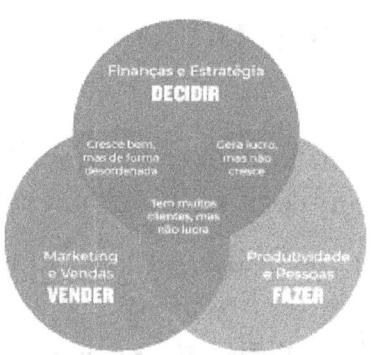

Você pode crescer e até lucrar, mas de forma completamente desorganizada e extremamente estressante. Ou pode ter muitos clientes, mas simplesmente não lucrar.

Ou ainda pode conseguir gerar lucro, mas sua clínica não cresce. É por isso que você precisa dominar as três competências essenciais: gestão, marketing e vendas.

A dura realidade é que sem estruturar todas as áreas do seu consultório ou clínica, você nunca chegará nem perto do seu potencial máximo. Não é fácil estruturar tudo de uma só vez, mas é possível fazer isso aos poucos. Invista na capacitação nessas três áreas e colha os resultados a longo prazo.

O que Fazer para Ter Lucro

Para ter lucro real com sua atividade profissional, é necessário que você tenha uma visão empreendedora.

Como apresentado em notícia, *"O mercado da saúde movimentou no Brasil em 2021 cerca de R$ 313,9 bilhões, o que representa um acréscimo de 13,8% em comparação a 2020 e de 21,8% em relação a 2019, segundo a Pesquisa IPC Maps"*. Sendo o 8° maior mercado a nível global.[4]

Esses são pontos básicos que, se você melhorar, aumentará a lucratividade do seu consultório. Entender cada um deles é fundamental para a transformação e organização do seu consultório:

1° - Entender que o consultório é uma empresa e que suas consultas e procedimentos são produtos para comercialização.

2° - Entender que o consultório tem sua vida própria e que precisa gerar resultados positivos.

3° - Entender que nem todo dinheiro que sobra é seu, o empresário. O consultório precisa ter reservas para imprevistos e precisa fazer investimentos.

E a verdade é que entender alguns desses pontos é um desafio para alguns profissionais, como o caso da Dra. Angélica.

Angélica, uma médica mãe de dois filhos, costuma usar o dinheiro do seu trabalho para "recompensar" suas crianças.

Em cada Natal ou data comemorativa, ela presenteia sua família com uma "caixa especial", que contém presentes personalizados para cada um deles, geralmente de marcas que possuem um valor sentimental para ela.

No entanto, o raciocínio por trás desses presentes é um problema, pois eles têm uma representatividade e valor para ela, e não para seus filhos.

Muitos dos brinquedos e presentes que ela dá não são valorizados pelas crianças, que perdem o interesse rapidamente.

Essa caixa especial, embora traga prazer para a Dra. Angélica, tem um alto custo para suas finanças, com altas faturas de cartão de crédito. Embora se acostume com o alto valor das faturas, ela coloca um limite mental de gastos de R$ 15.000,00 em seu cartão, o que justifica suas compras desnecessárias.

Como Saber se Estou Tendo Lucro ou Prejuízo?

Realizando toda a gestão financeira, o controle de entradas e saídas e os indicadores aqui mencionados, você conseguirá identificar se teve lucro, perda de receitas e quais foram as despesas totais. Esse controle pode ser feito mensalmente ou trimestralmente, mas aconselho que seja realizado mensalmente.

Mas como pode ser feito? Para apurar os resultados mensais, basta fazer a relação de tudo o que entrou, ou seja, o total dos recebimentos dos pacientes, e a relação de tudo o que você gastou, ou seja, a relação das suas despesas. Lembre-se de que só será possível apurar os resultados se você tiver os controles financeiros organizados e atualizados.

Para apurar o resultado, utilize a fórmula abaixo:

Faturamento (some todas as suas vendas do período)

(-) Custos variáveis (diminua os custos que teve diretamente com a compra de materiais para utilizar os procedimentos)

(-) Custos fixos (diminua as despesas que existem no seu negócio, como aluguel, água, luz, condomínio, secretária, sistema, conselho, etc...)

= Resultado do período (essa diferença é seu lucro ou prejuízo)

Faturamento – Custos variáveis – custos fixos = LUCRO OU PREJUIZO

Após apurar o resultado, analise a situação e realize o planejamento para o próximo mês. Além disso, trace estratégias para reverter os cenários ou obter maiores lucros.

O Que Fazer com o Lucro?

Para gerir um consultório de forma eficiente, é necessário entender que o lucro é diferente do faturamento. Quando falamos em lucro, estamos nos referindo ao que sobra depois de todas as despesas terem sido pagas, incluindo o pró-labore do proprietário. Mas, afinal, o que fazer com esse dinheiro?

Uma maneira eficiente de gerenciar o lucro é dividindo-o em três partes: reinvestimento, retorno para o dono e reserva. Dessa forma, é possível garantir a saúde financeira do consultório e, ao mesmo tempo, obter o melhor retorno possível.

O **reinvestimento** é uma das partes mais importantes do lucro. Destinar 30% do lucro para a compra de uma nova máquina, um aparelho ou para melhorar a estrutura do consultório é essencial para garantir a qualidade dos serviços oferecidos. Com isso, é possível atrair mais clientes e, consequentemente, aumentar o faturamento.

O **retorno** para o dono também é importante. Destinar 20% do lucro para o proprietário como forma de distribuição de lucros é uma opção, mas uma alternativa mais correta seria guardar esse dinheiro e distribuí-lo uma vez ao ano. Dessa forma, é possível ter um controle melhor do dinheiro e usá-lo de forma mais eficiente.

Por fim, é fundamental destinar 50% do lucro para a **reserva**. Isso porque imprevistos podem ocorrer e, se você não estiver preparado, pode acabar tendo que lidar com dívidas ou até mesmo fechar o consultório. Com a reserva, é possível ter segurança financeira e garantir que o consultório continue funcionando mesmo em momentos difíceis.

Portanto, é fundamental gerenciar o lucro de forma eficiente, tendo em mente a importância do reinvestimento, do retorno para o dono e da reserva. Dessa forma, é possível garantir a saúde financeira do consultório e obter o melhor retorno possível.

Ganho Bem, mas Não Vejo Meu Dinheiro

Alguns profissionais da saúde relatam a sensação de ganhar bem, mas não ver o dinheiro sobrar no final do mês. Isso ocorre por alguns fatores, o primeiro deles é a falta de clareza.

Achar é diferente de ter certeza, e não saber exatamente quanto se ganha é como caminhar no escuro. Além disso, ganhar é diferente de faturar. Todo negócio tem um faturamento, mas esse dinheiro não é livre e integral para o profissional da saúde, pois todo negócio tem despesas.

A falta de clareza impede o conhecimento do quanto se gasta, o que pode parecer libertador gastar sem controle, mas na verdade é desesperador. Ninguém merece chegar ao final do mês sem saber se gastou muito ou pouco, se precisa se controlar mais ou se está tudo bem.

Geralmente, a falta de controle dos gastos gera culpa pela falta de conhecimento de onde foi parar o próprio dinheiro.

Além da falta de clareza e de não saber quanto se gasta, um grande problema é não transformar dinheiro em sonho. O dinheiro é um instrumento para nossa realização, e quando não temos controle, ganhamos, gastamos e deixamos de lado os sonhos que exigem um pouco mais de planejamento para serem realizados. Isso é frustrante e desmotivador.

O Que Te Impede de Ganhar Mais

Essa é uma lista de fatores que podem estar te impedindo de ganhar mais no seu consultório. Vamos explorar um pouco mais cada um deles para que você possa entender como solucioná-los e aumentar seus lucros.

1° - **Falta de planejamento:**

Um bom planejamento financeiro é essencial para o sucesso do seu consultório. É necessário conhecer a fundo a sua situação financeira, identificar todas as suas receitas e despesas, estabelecer prioridades e traçar metas e objetivos claros. Sem um plano definido, dificilmente você conseguirá aumentar seus lucros.

Portanto, é fundamental que você faça um planejamento financeiro cuidadoso, levando em conta todas as variáveis envolvidas no seu negócio.

2° - Seu consultório gasta mais do que pode:

Muitos profissionais da saúde se perguntam como saber se estão gastando mais do que podem com seus consultórios.

A resposta é simples: é preciso ter clareza sobre todas as suas receitas e despesas mensais. Quando você não sabe quanto dinheiro está entrando e quanto está saindo, fica difícil identificar vazamentos e corrigir erros.

É essencial que você tenha um controle rigoroso das suas finanças, para evitar que seus gastos ultrapassem suas receitas.

3° - Custo da sua hora:

Saber quanto custa a sua hora clínica é fundamental para precificar seus tratamentos e procedimentos de forma adequada. Além disso, essa informação pode auxiliar em muitos outros aspectos financeiros do seu consultório.

Afinal, é com base no custo da sua hora que você determinará uma margem de lucro para seus procedimentos e também seu pró-labore. Portanto, é importante que você tenha essa informação sempre atualizada e bem clara em sua mente.

4° - Crenças limitantes podem estar impedindo o sucesso do seu consultório

Crenças limitantes são ideias que temos sobre nós mesmos e sobre o mundo que podem nos limitar e impedir de alcançar nosso verdadeiro potencial.

No caso de ser dono de um consultório, essas crenças podem ser extremamente prejudiciais para o sucesso financeiro do negócio. Por exemplo, a crença de que você não tem dinheiro suficiente para investir em melhorias, a crença de que você não é bom com dinheiro, ou a crença de que não tem capacidade de vender seus serviços.

Essas crenças podem te impedir de tomar decisões importantes, como aumentar seus preços, contratar uma equipe para te ajudar ou investir em marketing. É importante identificar essas crenças limitantes e trabalhar nelas para que você possa se libertar das restrições que elas impõem em sua vida e em sua carreira.

5° - Faturamento alto não é sinônimo de atendimento em excesso

Muitos profissionais da saúde acreditam que o sucesso de seu consultório é diretamente proporcional ao número de pacientes que atendem. No entanto, essa é uma crença equivocada e pode até mesmo prejudicar o desempenho financeiro de seu negócio.

Faturar alto não significa necessariamente que você precisa atender mais pacientes. Pelo contrário, é possível aumentar seus lucros oferecendo serviços de maior valor agregado para um número menor de pacientes.

Para isso, é necessário investir em sua imagem profissional, em seus conhecimentos e habilidades, e em estratégias de marketing e vendas que te ajudem a se posicionar no mercado e atrair o público certo.

Além disso, é fundamental que você gerencie bem suas finanças, controlando seus gastos e investindo em melhorias que realmente tragam retorno para o seu consultório.

Como o Profissional da Saúde Deve Começar a Investir

Já imaginou ter uma quantia de dinheiro guardado para usar em casos de emergências ou investimentos no seu negócio?

Uma reserva financeira pode garantir segurança para lidar com imprevistos e dificuldades, mas também pode alavancar o seu negócio.

A falta de conhecimento e educação financeira representa uma perda de cerca de R$ 1,6 milhão ao longo da sua carreira.[5]

Por isso, quero que você conheça as 3 razões para começar agora a criar uma reserva financeira para o seu consultório ou clínica.

1 - Inversos Financeiros

Períodos de baixo faturamento podem desestruturar o seu negócio e levá-lo à falência. Ter uma reserva de emergência nesse momento é essencial para se manter de pé, arcando com os custos fixos e variáveis que, mesmo com queda de faturamento, continuam a acontecer.

A reserva garantirá que você se mantenha firme para se reerguer e voltar à ativa, já que assim como o inverno, a primavera também vai chegar.

2 - Tranquilidade para criar novas estratégias

Quando o seu negócio não tem uma reserva, você está sempre vulnerável.

E se o paciente não fechar? E se ele não pagar na data combinada? Se ele remarcar? Como vou pagar as contas do próximo mês?

Uma reserva de emergência te traz tranquilidade para pensar em estratégias para fazer mais dinheiro e contornar cenários de instabilidade e queda.

Enquanto a falta dela pode tirar seu sono e deixá-lo ainda mais perdido na busca de soluções. Com uma reserva, sua preocupação será crescer e melhorar em vez de apagar incêndios.

3 - Segurança para você e para o seu consultório ou clínica

Você vive do seu negócio. Por isso, quando você decide criar uma reserva financeira para ele, você não está se deixando de lado. Pelo contrário, está também garantindo que o seu pró-labore mensal seja pago, independentemente do cenário.

Não há tranquilidade maior para um profissional da saúde do que dinheiro reservado. Por isso, é importante que você construa uma reserva de emergência para seu consultório e garanta meses de despesas e pró-labore que vão garantir o seu negócio e você quando precisar.

Como o Profissional da Saúde Deve Começar a Investir

Investir pode parecer um mundo desconhecido para muitas pessoas, mas é uma atividade essencial para quem busca a independência financeira. No entanto, muitos iniciantes podem ficar confusos sobre como começar a investir. Por isso, preparei algumas dicas importantes para ajudá-lo a dar os primeiros passos nessa jornada.

- Defina seus objetivos financeiros

O primeiro passo para começar a investir é definir seus objetivos financeiros. Você precisa saber o que quer alcançar com seus investimentos. Pode ser economizar para a aposentadoria, comprar um imóvel ou simplesmente construir um patrimônio para sua família. É importante ter uma meta clara e definida para saber quanto dinheiro precisa ser investido e por quanto tempo.

- Conheça os diferentes tipos de investimentos

O próximo passo é entender os diferentes tipos de investimentos disponíveis. Existem diversas opções, como ações, títulos, fundos de investimento, imóveis, entre outros. Cada tipo de investimento tem suas próprias características, riscos e benefícios. Por isso, é importante estudar sobre cada um deles para escolher o mais adequado aos seus objetivos e perfil de investidor.

- Determine seu perfil de investidor

Existem diferentes perfis de investidor: conservador, moderado e arrojado. Para saber qual é o seu perfil, é importante avaliar seu grau de tolerância ao risco e suas expectativas de retorno. Se você é um investidor conservador, por exemplo, pode optar por investimentos de baixo risco e menor retorno, como títulos do Tesouro Nacional. Já se você é mais arrojado, pode escolher investimentos mais arriscados, como ações de empresas.

- Crie uma estratégia de investimento

Com base nos seus objetivos financeiros, nos tipos de investimentos que você estudou e no seu perfil de investidor, é hora de criar uma estratégia de investimento. Nessa etapa, é importante definir quanto dinheiro você vai investir e em qual periodicidade. Também é fundamental escolher uma corretora de valores de confiança para intermediar suas operações de investimento.

- Diversifique seus investimentos

A diversificação é uma das principais estratégias para reduzir o risco dos seus investimentos. Não coloque todos os seus recursos em um único tipo de investimento ou em uma única empresa. Ao diversificar seus investimentos, você distribui os riscos e tem mais chances de obter um retorno positivo.

- Monitore seus investimentos

Por fim, monitore seus investimentos constantemente. Acompanhe a rentabilidade dos seus investimentos, avalie as estratégias adotadas e faça ajustes sempre que necessário. É importante lembrar que investir é um processo contínuo e que os resultados não aparecem da noite para o dia. A paciência e a disciplina são fundamentais para obter sucesso.

Investir pode ser uma atividade desafiadora, mas não precisa ser difícil. Com essas dicas, você pode começar a investir de maneira consciente e segura. Lembre-se de estudar bem os investimentos antes de colocar seu dinheiro em jogo e sempre contar com o suporte de uma corretora de valores confiável.

Não importa quanto você ganha, mas sim o que você faz com o que ganha!

CAPITULO 10
O Fazer Para Ter Resultados Reais

Ao longo deste livro você aprendeu conceitos de Gestão Financeira, assim como técnicas que podem otimizar suas finanças e mantê-las organizadas.

Todos os profissionais da área da saúde desejam trabalhar com lucros e crescimento constante. Alcance esse desejo realizando a gestão financeira do seu consultório.

Uma boa gestão financeira permite que o profissional da área da saúde tome decisões estratégicas, reduza custos, aumente o lucro e mantenha a saúde financeira do negócio.

Para alcançar esses objetivos, é importante seguir alguns passos, que incluem:

- Promover um planejamento financeiro robusto;
- Mapear indicadores de desempenho;
- Fazer o fluxo de caixa diariamente;
- Calcular o pró-labore;
- Realizar a precificação corretamente;
- Treinar sua secretária para te ajudar nas vendas e administração do seu consultório.

Faça avaliações periódicas de seus resultados, verifique se os objetivos estão sendo cumpridos e se há necessidade de algum ajuste. Quanto mais rápido corrigir a rota, menos perdas você terá, sejam elas financeiras ou de tempo.

Lembre-se: controle financeiro é questão de hábito e, quanto mais alinhada toda *"família"* estiver, maiores as chances de resultados positivos.

Com isso, você agora já sabe da importância da gestão financeira na clínica e como ela pode alavancar os resultados para o sucesso dos negócios.

Espero que essa obra tenha sido útil, e que a administração das finanças do seu consultório melhore de alguma forma.

O principal erro dos profissionais da área da saúde é se preocupar muito em ganhar dinheiro e pouco em cuidar dele!

Caro leitor,

Escrever um livro é um empreendimento solitário e desafiador, mas é também uma jornada incrivelmente recompensadora. E isso só é possível graças a vocês, que dedicaram seu tempo, atenção e carinho para lerem minhas palavras e mergulharem na história que criei.

É com grande alegria e gratidão que dedico este livro a você. Acredito que cada leitor traz consigo uma história única, uma perspectiva singular e uma sede de conhecimento que só pode ser saciada pela leitura. É por isso que escrevi este livro, para compartilhar com você minhas ideias, minhas paixões e meu entusiasmo pela vida.

Acredito que a leitura é uma das maiores aventuras que podemos empreender. Ao mergulhar nas páginas de um livro, somos transportados para novos mundos, encontramos novas ideias e expandimos nossos horizontes. Espero que este livro faça exatamente isso por você, e que lhe proporcione momentos de reflexão, inspiração e descoberta.

Espero que ele possa enriquecer sua vida de alguma forma, assim como você certamente enriqueceu a minha ao lê-lo.

Com gratidão,

Patricia Capitanio

Referências

[1] https://web.archive.org/save/https://www.onoticiado.com.br/2023/02/21/financas/renda-medicos-caiu-2020/ acesso em 22 de Março de 2023

[2] https://web.archive.org/web/20230324015034/https://www.diariodigital.com.br/geral/endividado-hospital-do-cancer-atrasa-atendimentos-oncologicos acesso em 22 de Março de 2023

[3] https://web.archive.org/web/20230324015414/https://www.itatiaia.com.br/editorias/ultimas-noticias/2023/03/08/clinica-odontologica-em-bh-fecha-as-portas-e-revolta-trabalhadores-e-pacientes acesso em 22 de Março de 2023

[4] https://web.archive.org/web/20230324015516/https://www.moneytimes.com.br/medicos-que-nao-abracarem-a-visao-empreendedora-vao-falir-diz-dr-samuel-goncalves/ acesso em 22 de Março de 2023

[5] https://web.archive.org/web/20230324014939/https://medicinasa.com.br/educacao-financeira-medicos/ acesso em 22 de Março de 2023

BÔNUS EXTRA

+ R$ 2.645 EM BÔNUS
Que Você Leva de GRAÇA

MENTORIA PREMIUM - Um acompanhamento completo para você e seu consultório ou clínica. Vou te ajudar a implementar toda a metodologia para que você tenha um consultório 3x mais lucrativo.

PROGRAMA CONSULTÓRIO LUCRATIVO - Materiais e aulas gravadas exclusivas para você consultar e tirar todas as duas dúvidas.

GUIA DO CONSULTÓRIO LUCRATIVO - Um guia simples e objetivo para que você use sempre que precisar tirar dúvidas rápidas do dia a dia.

PRECIFICAÇÃO DE CONSULTAS - Um treinamento completo para te mostrar, na prática, como precificar do jeito certo suas consultas.

patriciacapitanio.com.br/consultorio-lucrativo

#ConsultórioLucrativo

www.ingramcontent.com/pod-product-compliance
Lightning Source LLC
Chambersburg PA
CBHW071455220526
45472CB00003B/814